「食」の図書館

オレンジの歴史

ORANGES: A GLOBAL HISTORY

CLARISSA HYMAN
クラリッサ・ハイマン【著】
大間知 知子【訳】

原書房

目次

［……］は翻訳者による注記である。

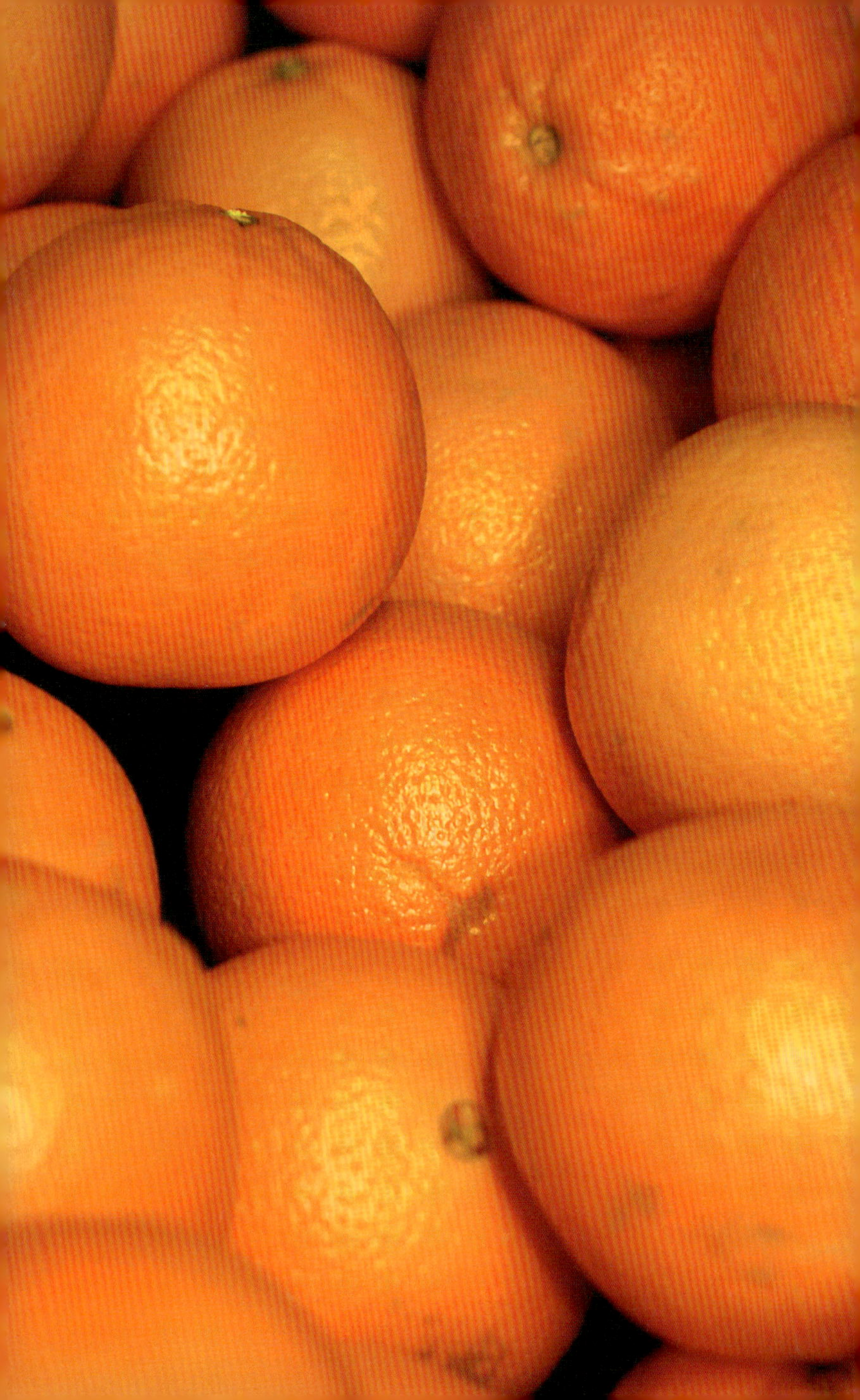

第1章◉世界に広がるオレンジ

ひとことで言えば、これらの木々は視覚を魅了し、嗅覚を満足させ、味覚を楽しませ、贅沢品であると同時に芸術でもあり、あらゆる喜びをひとまとめにして、驚嘆する人々の前に差し出すのである。

——ジョルジオ・ガレッシオ『オレンジ栽培—柑橘類論 *Orange Culture: A Treatise on the Citrus Family*』(1811年)

◉アジアの最初のオレンジ

オレンジはこの世で唯一の果物ではないとしても、もっともロマンをかきたてるもののひとつである。何世紀もの間、オレンジは想像力を刺激し、輝く黄金の色彩と、えもいわれぬ香りで人々を魅了し、口の中をさわやかにしてきた。しかし、オレンジの歴史はその香りと同様に、人を引きつけながらも決して正体をつかませてはくれない。

アメリカの植物学者ウォルター・T・スウィングル［柑橘類の分類研究の権威。1871〜1952］の主要な説によれば、柑橘類の祖先はアジア大陸とオーストラリア大陸が分裂する前に、ニューギニア―メラネシア［オーストラリアの北東の島々］地域で誕生したという。

しかし、柑橘類が多数の異なる種に進化する過程は、主として南東アジア本土で起こった。実際、柑橘類の高度に発達した種が自生していたと考えられるのは、この地域だけである。(1)

最近では、植物学者のデービッド・マバーリーとアンドリュー・ビーティーが、正真正銘の柑橘類の最古の種《しゅ》は数百万年前に西に向かって流れる赤道流に乗って、「浮流果実」として拡散したという説を支持している。(2) こうして、焦点は「モンスーニア」と呼ばれる地域のうち、中国南部の山岳地帯とインド北東部に絞られた。ここは柑橘類の大半の商業種と栽培品種が誕生した場所である。(3) 植物学者の田中長三郎（1885〜1976）は、さらにこの地域をビルマ［現ミャンマー］北部とアッサム［インド北東部の州］まで狭めた。一方、高名な科学者で中国びいきのジョゼフ・ニーダム（1900〜1995）は次のように書いている。

これらの果樹の本来の産地と生息地がヒマラヤ山塊の東部と南部斜面地域であったのは疑いようがない。大昔に固定化した変種が中国文化圏にもっとも多く存在すること、そしてこれらの

果樹がかなり前から中国の文献に記録されていることからも、これは明らかな事実である。(4)

最近の研究では、オレンジが最初に誕生したのは中国南西部の雲南省《うんなん》と、その周辺のインド、ビルマ、中国南部だったと言われている。(5)

オレンジの旺盛な成長力と栽培知識の進歩のおかげで、オレンジの種子や果樹は鳥や動物、あるいは人間の手で海路や陸路を通じて広がった。経路はさまざまだったが、インド南部、アラビア、ナイル川、あるいは小アジアを経由して、柑橘類は世界中に根を下ろしていった。

オレンジとその「同属種」のもっとも古い記述は、中国最古の歴史書である「書経《しょきょう》」の中の、各地の地理と特産物などを記した「禹貢《うこう》」という章に書かれていて、ニーダムはこの記録は紀元前8世紀か9世紀のものだろうと述べている。紀元前3世紀の中国の思想家の韓非《かんぴ》は、オレンジととげだらけのライム（酸味の強いカラタチ）の見分け方を述べた大昔の説話を紹介している。その説話は、女性が恋人を選ぶときに何に注意すればいいかを教えるためのたとえ話である。また、紀元前600年には宮廷でオレンジの皮をむくときのマナーを記した史料も存在する。

ハン・イェンツーが1178年に書いた『オレンジの記録 *ChiiLu*』は、知られている中ではもっとも古いオレンジに関する専門書で、スイートオレンジ［生食やジュースの原料に向く甘いオレンジ］、サワーオレンジ［マーマレードとして食べるか精油を抽出する酸味の強いオレンジ］、マンダリンオレンジ［日本の温州ミカンの近縁種］など28種のオレンジについて解説し、「ミルクのように甘い」(6)オ

中国の磁器の壺。金箔の上に染付とエナメル彩色。1760～80年頃。裕福な身なりの若い男性が庭園で貴婦人に柑橘類を差し出す光景が描かれている。

レンジもあると述べている。

カナダのシンガーソングライター、レナード・コーエンが「スザンヌ」という曲で歌ったように、私たちは中国からはるばる届いたお茶とオレンジを楽しむが、昔のオレンジは水気が少なく、皮が厚くて種が多いのが普通だった。しかし中国人はしだいに栽培の腕を上げた。外界からの文化的影響が少なく、おだやかな自然条件に恵まれたために、彼らの園芸技術は磨き抜かれた。各地でオレンジの需要が増え、交通手段が進歩すると、まもなく大規模な商業的果樹園が盛んに造られるようになった。ニーダムによれば、「柑橘類は、ヨーロッパ人がこの種類の果物を初めて知る少なくとも半世紀前から……商品として商業的に栽培されていたと考えられる(7)」

オレンジは一般的に栄養よりは見た目の美しさや薬効、そして香りが珍重されてきたが、ハチミツ漬けで保存されたり、野菜やお茶、酒の風味づけに使われたりもした。中国北宋代の詩人の蘇《そ》軾《しょく》は、酒を造るためにスイートオレンジを収穫するようすを詩に歌い、その酒は「トルコ石のひしゃく、銀の酒瓶、紫の紗《しゃ》、緑の絹の包みにふさわしい(8)」と述べている。富豪の果樹園を埋め尽くす「黄色い頭の千人の奴隷たち」という蘇軾の描写は、今も魅力的な響きを持っている。

インドでは紀元100年頃に書かれた医学論文に、初めて私たちにわかる言葉でオレンジが登場する。インドでオレンジを意味する naranga または narangi という単語はサンスクリット語に起源があり、もともとは「内なる芳香」という意味だった。それが長く複雑な経路をたどって、オレンジを指す言葉になった。

◉ヨーロッパの最初のオレンジ

シトロンは古代ギリシャ・ローマ世界でよく知られるようになった最初の柑橘類だが、ローマ人がどの程度までオレンジを知っていたかはわからない。イスラエルの農学者サミュエル・トルコウスキー［1886〜1965］は、ローマ時代にもオレンジは栽培されていたが、その用途は装飾的なものに限られていたと述べている。その証拠として、トルコウスキーはポンペイのモザイク画に描かれた「オレンジ栽培者にはおなじみのこぶのできたオレンジ」や、ローマのサンタ・コンスタンツァ教会の4世紀のモザイク画に見られるオレンジの花冠を指摘している。(9) アルフレッド・C・アンドルーズは、条件付きながら、おおむねトルコウスキーの説に賛成して次のように書いている。

また、オレンジ栽培は紀元後の早い段階で下《しも》エジプトに伝えられ、この地域からオレンジがイタリア半島中央部に運ばれて、そこでオレンジの栽培が試みられたと考えるのが理にかなっている。(10)

一方L・ラモン＝ラカは、アラビア語による文献が世に出るようになるまで、さまざまな種類の柑橘類について書かれたものがまったくなかったという点に注目している。「この事実は、シトロンを除いて、さまざまな柑橘類を各地に広め、結果的に地中海地域に柑橘類を伝えたのはイスラム教徒だったという考えを直接的に示している」[11]

ランゴバルド族［ゲルマン系］のイタリア半島侵入（568年）ののち、ローマ人の豪華な庭園は大部分が消滅し、地中海世界南部の一部地域を除いて柑橘類は姿を消した。アラブ人が柑橘類栽培技術をよみがえらせ、アラビアから北アフリカやスペインに「セビリヤ」オレンジ［サワーオレンジの品種］を伝えたのは、その数百年後のことである。それとともに、耕作、植樹、灌漑に関するペルシャの技術ももたらされた。

トロコウスキーが語る次のような逸話には、征服者であるアラビア人が柑橘類に抱いていた深い愛情が読み取れる。あるカリフがバグダードで所有していた果樹園には、「絡み合う枝という枝に星のように輝く赤や黄色の実がたわわになっていた」。このカリフは甥に地位を奪われて目をつぶされると、美しい果樹園を甥に渡さないために一芝居打って、果樹園に宝物を埋めたと言った。甥はすぐさま、すべての果樹を根こそぎ掘り返させたという。

柑橘類はその優美な姿と一年中青々とした葉の生命力、そして魅惑的な花によって、イスラム教徒の心の中に特別な位置を占めていた。花、果実、葉は薬や料理、化粧に用いられた。木材はとびきり美しい家具に加工された。小枝の先でさえ、細かく裂いて使い捨ての歯ブラシとして利用した。[12]

12世紀から13世紀には、十字軍の遠征から帰還した兵士が持ち帰るめずらしい異国の産物に北ヨーロッパの人々の関心が集まった。その中にビガラディアと呼ばれるサワーオレンジの一種があった。そのほろ苦い果実は、異国の抜けるような青空とやわらかな日差しの象徴のように見えたに違いない。

イングランド王妃エリナー・オブ・カスティル［現在のスペインに相当するカスティリア王国の王女。１２４１～１２９０］は、１２７１年に夫のエドワード1世とともにイスラエルのアッコンに赴き、そこで2年間滞在した。おそらく子供時代に柑橘類を見て育ったのだろう。数年後、王妃はポーツマスに寄港したスペイン船からレモン15個とオレンジ7個を買っている。プルーストの『失われた時を求めて』のように、たぶんその香りが王妃の少女時代の記憶を呼び覚ましたに違いない。

食物学を専門とするバーバラ・サンティッチ教授によれば、柑橘類は13世紀までにイタリア半島でかなり普及したが、それから1世紀たってもトスカーナ地方北西部の都市プラートではまだめずらしかったらしく、プラート生まれの商人フランチェスコ・ダティーニは大きなオレンジの木を富の象徴として所有していた。[13] プロヴァンス地方では、カトリーヌ・ド・メディシス［フランス王アンリ2世王妃。１５１９～１５８９］が訪問客にシトロンとオレンジを贈り物にした。

16世紀末にはフランスのペルピニャンやスペインのバルセロナを訪れたスイス人が、街路樹として植えられた多数の柑橘類に目を見張り、モンペリエ［フランス南部の都市］ではマルディグラ［キリスト教の謝肉祭の最終日］の日にオレンジを投げ合うほど柑橘類が粗雑に扱われているのを見て驚いたとサンティッチ教授は指摘している。[14]

ムガル帝国の初代皇帝バーブルが、都のカーブルの郊外に建設中のフィデリティ庭園［忠誠の庭］で庭師に配置の指図をしている場面。1590年頃。紙の上に不透明水彩絵の具と金。

◉いかに伝わったか

中国産のスイートオレンジがどのようにしてヨーロッパに伝わったかはよくわかっていない。一般に知られている説によれば、スペインの建築家ジョアン・デ・カスティーリョが16世紀半ばに1本のスイートオレンジをリスボンにもたらし、他のすべてのスイートオレンジはこの木から栽培されたと言われている。しかし、スイートオレンジが最初にヨーロッパの文書に登場するのは1472年である。イタリア半島の現リグーリア州に位置する都市サヴォーナで書かれた売買証書に、1万5000本のスイートオレンジが記録されている。また、アルヴァロ・ヴェーリョが残した1498年のヴァスコ・ダ・ガマの航海記録には、「ポルトガル産よりもすぐれた」、「良質な」オレンジについて書かれている。[15] しかし、スイートオレンジがそれ以前にヨーロッパで知られていたかどうかは、この記録からはわからない。

トルコウスキーは、スイートオレンジはそれより前から知られていたと考え、ユダヤ教の聖典タルムードに書かれた「甘美なシトロン」は、スイートオレンジを指していると主張した。また、彼はバルトロメオ・プラティナ［料理書の編纂で知られるルネサンスの人文主義者。1421～1481］の言葉も引用している。プラティナは10年がかりで料理書を完成させたあと、スイートオレンジは「ほぼいつでも料理の最初の一品にふさわしく、酸味のあるものは砂糖で味つけしてもよい」と1475年に述べている。トルコウスキーはもうひとつの証拠として、1483年にル

ヨハン・ワルター『花の咲いたオレンジの小枝、オレンジと貝殻』。1661年。上質皮紙にガッシュ［不透明水彩絵の具の一種］。

イ11世がプロヴァンスから取り寄せたスイートオレンジを、「魚も肉も食べない聖者」への贈り物として聖フランチェスコに与えたと指摘した。[16]

園芸家のハーバート・ジョン・ウェバー［アメリカの植物生理学者。1865〜1946］も、当時ヨーロッパではすでにスイートオレンジが知られていたという説を支持し、スイートオレンジは15世紀初期に、おそらくアラビアやパレスチナ、インドからジェノバ商人の交易ルートをたどってヨーロッパにもたらされたのだろうと述べた。

ヴァスコ・ダ・ガマがスイートオレンジをもし初めて見たのなら、すでに知られている種類とは違うものだと書いていないのは不自然である。また、この時代の旅行者は誰ひとり、この果実を見ても他の多くの果物を見たときのような驚きを示さなかった。ということは、彼らはすでにスイートオレンジをよく知っていて、もはやめずらしくもなんともなかったのだと考えられる。[17]

16世紀イタリアの詩人アンドレア・ナヴァジェーロは、見事に育ったオレンジの木がセビリヤの宮廷菜園にあったと書いている。そしてウェバーは、16世紀の修道士で歴史家のレアンドロ・アルベルティが、イタリアのシチリア、カラブリア、リグーリアなどで、栽培果樹の広大なプランテーションに実った甘い果実を見たと1550年に述べている点に注目している。「16世紀初めにリグーリアでスイートオレンジがこれほど広範囲に栽培されていたのは、ポルトガル人がヨーロッパにスイートオレンジを広めたためだとはとうてい考えられない。なぜなら、ポルトガル人がスイートオレンジを伝えたのはこの世紀の初め（おそらく1520年頃）より前ではなかったからである[18]」

●オレンジとは何だったのか

これらの昔の「スイート」オレンジが実際に甘かったかほろ苦かったかは、たぶん永遠にわからないままだろう。柑橘類はイタリアでは一般的にagrumi（酸っぱい、あるいは刺激のある果実という意味）と呼ばれていることから考えると、昔のスイートオレンジはほろ苦かったと考えてよさそうである。しかしトルコウスキーは、14〜15世紀にはオレンジは食べるための果物ではなく、香辛料か薬として利用されていたため、スイートオレンジとサワーオレンジはほとんど区別されていなかったと考えている。したがって、ヴァスコ・ダ・ガマ以降のポルトガル人は、新しい種としてスイートオレンジをもたらしたというよりは、これまでとは違うもっとおいしいスイートオレンジを伝えたのだと考えていいだろう。

いずれにしても、そのオレンジは「ポルティンゴール」［ポルトガルの古い呼び名］オレンジ、すなわちポルトガルオレンジと呼ばれるようになった。その言葉はオレンジを意味するギリシャ語のportokaloやトルコ語のportakalに今も受け継がれているが、しだいにチャイナオレンジという名

トルコの切手。この果物の名前が portakal となっているのは、オレンジがポルトガル人によって伝わったことを示している。

称がよく使われるようになった。

　チャイナオレンジの味わいは人々を驚かせた。中国人は柑橘類栽培技術をかつてないレベルまで高め、1640年にイエズス会士アルヴァーロ・セメード神父は、「広東《かんとん》省のオレンジは私たちの国のものに比べればまるで女王のようである。これはオレンジではなく、オレンジのふりをしたマスカットだと言う人もいるほどだ[19]」と語っている。

　果物のオレンジと、同じ名前のフランスのオランジュ［オレンジのフランス語読み］の町とは何かつながりがあるのだろうか？　トルコウスキーはこう明言している。「あらゆるふたつの異義語の間にある以上の関係はない。言い換えれば、音が偶然似ているにすぎない[20]」

　ドイツ生まれのナッサウ家のウィレムがオランジュ［オランダ語でオラニエ］を相続してオ

1734年頃にイギリスで作られたこの鉢では、オレンジの木がオラニエ公ウィレム４世とアン・オブ・ハノーファーの婚姻を象徴している。

ジェームズ・ギルレー『オレンジ、あるいは植樹に疲れて休息するオランダ人のキューピッド』1796年。手で彩色されたこの銅版画には、オラニエ公ウィレム５世が太った裸のキューピッドとして草花の花壇に寝そべる姿が描かれている。

オレンジとオレンジ色は必然的にオラニエ＝ナッサウ家の象徴になった。ドイツのオラーニェンバウムの町はドイツ貴族に嫁いだオラニエ＝ナッサウ家の娘にちなんで命名され、市場にはこのような彫刻が飾られている。

ラニエ公ウィレム1世となった。ウィレム1世はネーデルラント連邦共和国の基礎を築き、オランダ王家のオラニエ＝ナッサウ家を創設し、国旗にオレンジ色を取り入れた。オラニエ（オレンジ）公の名前は、南アフリカのオレンジ川、ブラジルのオレンジ岬、北アイルランドのオレンジ結社［プロテスタント組織］、アメリカのニュージャージー州の都市オレンジ、カナダのオンタリオ州の都市オレンジビルなどに伝わった。

果物のオレンジと色のオレンジの関係にも独特の歴史がある。オレンジを意味する昔のイタリア語は melarancio（オレンジの木の果実）といった。この言葉から古フランス語の orenge が生まれ、それが中期英語［1066年のノルマン・コンクエストから15世紀中頃までの英語］に取り入れられた。

オックスフォード英語辞典によれば、orenge や orange という単語は、15世紀になって初めて文献に登場した。16世紀に新世界のパンプキン［皮がオレンジ色のカボチャ］やオランダ産の「オレンジ色の」ニンジン［16世紀に紫色のニンジンの突然変異で誕生した］が知られるようになるまで、色のオレンジは通常「黄みがかった赤」あるいは「赤褐色」と呼ばれていたのである。料理用語の辞書を出版したマーク・モートンは、16世紀以前は「殺風景な中世イギリスにオレンジ色と表現する必要のあるものはあまり多くなかった(21)」ので、この色を表す単語は必要なかったと述べている。

◉新大陸のオレンジ

コロンブスは1493年に2度目の航海に出発し、柑橘類の種子をハイチやカリブ海の島々にもたらした。ロバート・ウィラード・ホジソン［アメリカの植物学者、分類学者。1893〜1966］は、このときスペイン人はビタースイートオレンジ［サワーオレンジの変種］をフロリダと南アメリカにもたらした可能性があると考え、その理由として、「ビタースイートオレンジは南アメリカで早くから生育し、パラグアイでは盛んに栽培されて、プチグレン精油［果樹の枝葉から抽出される精油］の原料になっているからである(22)」と述べている。

コロンブスが持ち込んだ柑橘類の種類が何だったにせよ、それらの木はカリブ海の島々と中央アメリカ、そして南アメリカ全体に急速に広がった。この地を訪れた初期の旅行者は、ブラジルのオレンジとレモンは甘くてとても大きく、こぶしふたつ分の大きさがあると報告している。イギリスの詩人アンドルー・マーヴェル（1621〜1678）は、「バミューダ諸島」のこれらの木々は「野生的」で、「木陰に掲げる輝くオレンジ／緑の夜陰の黄金のランプのように」と鮮やかに歌っている。まもなくオレンジやライムはヨーロッパに逆輸入されるまでになった。

フードライターのジョン・F・マリアーニによれば、スペイン人探検家のエルナンド・デ・ソトは1539年にフロリダのセントオーガスティンにオレンジを持ち込んだ(23)。ジェス・フィッシュという名の栽培家は、1776年になんと6万5000個ものオレンジをイングランドに輸出し

フロリダのセントジョンズ川沿いのオレンジ果樹園。1887年。オレンジがフロリダにもたらされると、スペイン人は先住民族とオレンジを取り引きした。その結果、野生化した木が川沿いや内陸に広がった。のちにホームステッド法によって入植した人々は、この野生のオレンジを栽培化し、さらにオレンジ果樹園を広げた。

たが、それ以外では、アメリカにおけるオレンジの商業的栽培は微々たるものにすぎなかった。その状況が変化したのは、１８２１年にアメリカがフロリダを獲得してからである。１８７１年までに、オレンジは国中に広まった。ボールドウィンという医師が書いた次のような記録がある。

〔フロリダのセントジョンズ川の〕川岸のどのプランテーションでも、朝から晩までオレンジが食べられる。一方で野生のオレンジの木は黄金色の実の重みで川の上に覆いかぶさるようにたわみ、うっとりするような光景を作り出している。[24]

オレンジは１７６９年にサンディエゴ伝道所の設立とともにカリフォルニアに伝わったが、初の本格的なオレンジ果樹園は、１８０４年にサンガブリエル伝道所につくられたものである。柑橘類はまもなく、暖かい日差しと気楽な生活というカリフォルニアのライフスタイルのイメージを広める決め手となって、この土地に入植者を誘いこんだ。

アフリカのケープタウンでは、オレンジなどの果物や野菜が１６５４年にオランダ人植民地の初代総督によってセントヘレナ島からもたらされ、オーストラリアでは１７８７年に、ファースト・フリート［イギリスから植民地建設のために派遣された「最初の植民船団」］の植民者とともにニューサウスウェールズにオレンジが運ばれた。

旧世界ヨーロッパでは、大勢のイギリス商人がポルトガルの港に群がっていた。何万個ものオレンジが船で運ばれてくるからだ。[25] １５６２年、バーリー男爵ウィリアム・セシルはめずらしいオレンジを所有していた。同じ年、下院議員のフランシス・カルーはフランスから数本のオレンジを購入し、壁際に植えてていねいに刈り込み、冬には板で囲って暖房を入れて大切に育てた。エリザベス１世の重臣ウォルター・ローリーはサリー州にオレンジの種をまいた。その木は１５９５年から毎年実をつけるようになったが、１７３９年に寒波によって枯れてしまった。

◉17世紀ロンドンでのオレンジ

ジョン・ホートンは、17世紀のロンドンではオレンジは「町中どこでも見られるものになり、庶民がたくさん食べていた[26]」と指摘している。しかし、輸送が難しく腐ってしまうため、ロンドン以外の場所では手に入りにくかった。他の多くの農産物がそうであるように、食べ頃を過ぎたオレンジは「人相の悪い男が店番をする車輪のついた屋台」か、劇場内で客とたわむれるオレンジ売りの女によって安く売られた。オレンジ売りの女と言えば、チャールズ2世の寵姫となった、美人で機知に富むネル・グウィンがもっとも有名である。劇作家のトマス・ダーフィー〔1653～1723〕は自作の劇『ドン・キホーテのおかしな伝記 *The Comical History of Don Quixote*』（1694年）の序幕で、次のように辛辣に指摘した。「ここで公爵をたぶらかしたオレンジ売りの娘が、おとがめもなしに腐ったものを売るだろう」

サミュエル・ピープス〔詳細な日記を残したことで知られるイギリスの官僚〕は1665年の日記で、女官のジェニングス夫人がみんなを楽しませようとオレンジ売りの扮装をしたが、高価な靴を履いていたので正体がばれたという話を書いている。もっとも、夫人がオレンジ売りの娘の下品な口調までまねしたかどうかはわからない。

オレンジが寒さに耐えられるかどうかは疑わしかったが、ヨーロッパの裕福な家庭ではオレンジを育てるのがますます流行し、ピープスは前述の日記の2年後に、ウォットン卿の庭に生えた「立派な」オレンジとレモンの木について書いている。高価な輸入品のオレンジを買うか、あるいは育てる――時間と技術と広い庭が必要だ――ことで、人々は豪華な見栄の張り合いに熱中したのである。見栄が高じて目を見張るような庭園建築に発展した例もある。フランス国王の場合がまさにそうだった。

陶磁器生産で有名なフランスのニデルヴィレで制作されたオレンジ売りの人形。1770～84年頃。オレンジと豊満な若い娘の組み合わせは、ヨーロッパ中の芸術家が好んだ題材である。

第2章◉オレンジの栽培

セビリヤは今でも……南スペインで一番変わりもののごろつきが集まる場所だと言われるかもしれない。……彼らが天国について知っていることといえば、さわやかな木陰に仰向けに寝そべって、オレンジの黄金の果汁を通して見る光景だ。満ち足りた、気持ちのよい無為の時間なのだ。

——ジョン・ロマス編、『オシェイのスペイン・ポルトガル案内 *O'Shea's Guide to Spain and Portugal*』（ロンドン、１９０５年）

◉アラブの庭園

宝石と同様に、オレンジにも美しく見せるための工夫が必要だ。自然はオレンジに光沢のある翡《ひ》翠《すい》のような濃い緑色の葉を舞台背景として与えた。舞台装置を作るのは人間の仕事である。

柑橘類栽培は挑戦と感動の両方を与えてくれる。果樹を栽培するために作られた庭園は、シチリア島の沖合に浮かぶパンテッレリーア島でもっとも原始的な形で見られる建築芸術のひとつである。この島の夏は暑く乾燥してほとんど雨が降らず、強風のせいで樹木は高く成長できない。そこで、何世紀も前から溶岩石を用いて大きな囲いが作られた。この囲いは風よけになり、夜間の湿気を吸収し、空気を通し、土壌を支えた。

アラブ人は新しい作物と灌漑／造園技術をアル＝アンダルス、すなわちイスラム教徒の領土になったスペインの一部地域と、ポルトガル、フランスにもたらした。何世紀もの間、柑橘類の果樹園はその土地をアラブ人が支配した目印となった。(1) イスラム教徒の庭園は休息と瞑想を目的として造られた。木陰と噴水と水路は、壁の外の敵意に満ちた世界から逃れて安らぐための重要な要素だった。地上の楽園として造られたこれらの幾何学的な庭園は、感覚的な喜びとともに知的な厳密さを備えていた。

14世紀の偉大なアラブ人旅行家イブン・バットゥータは、スペインのマラガにあるモスクの境内について、「見たことがないほどの高いオレンジの木々があって、たとえようもなく美しい(2)」と描写している。グラナダでは14世紀にナスル朝の君主の夏の離宮として建設されたヘネラリフェの空中庭園に、今もオレンジとレモンの木が生えている。柑橘類はいたるところで育てられた。

15世紀イタリアの人文主義者ロレンツォ・ヴァッラがスペインのバレンシアを訪れたときに見た情景は、今となっては想像するしかない。「もっともすばらしかったのは庭園で、植えられているものすべてが柑橘類であるばかりでなく、それらが壁のように生い茂り、ここは庭園か部屋の中か

スペインのコルドバの聖マリア大聖堂の主入口。「オレンジの木の中庭」からの眺め。

と迷うほどだった[3]」

この魅力的な屋外の部屋のイメージは、詩人で劇作家のフェリックス・アルトゥーロ・ロペ・デ・ベガ（1562〜1635）の言葉にも反映されている。スペインのアバディアにあるアルバ公の美しい庭園について述べた一文の中で、彼は冬も夏もオレンジが実る情景を描いている。

山が雪で白く覆われたときはなおさら、
庭園はその永遠の宝物を誇らしく思った……
庭園の隅の輝く川沿いには、
オレンジの木々に縁取られた小道があり
オレンジの木で巧みに造られた門が立っている。[4]

●メディチ家の富の象徴

イタリア半島のトスカーナ地方では、新たなルネサンス庭園が誕生した。中心都市フィレンツェでは、貴族や富裕な商人の間で柑橘類の樹木のコレクションが大流行した。たとえばボッティチェリの絵画『プリマヴェーラ（春）』（1482年）には、ジュリアーノ・デ・メディチ（あるいはロレンツォ・ディ・ピエルフランチェスコ・デ・メディチ）がオレンジ果樹園の中でいくぶん照れ

オレンジの木に向かって杖を掲げるマーキュリーの拡大図。サンドロ・ボッティチェリ『プリマヴェーラ（春）』1482年より。木板にテンペラ。絵の中央には愛と多産を象徴するオレンジ果樹園の中に立つヴィーナスが描かれている。

くさそうにポーズをとっている姿が、上流階級の青年の理想像として描かれている。

1544年にメディチ家はフィレンツェ近郊のヴィラ・ディ・カステッロにヨーロッパ最大の柑橘園のひとつを造った。メディチ家の紋章に描かれている5つの赤い球体の意味は、さまざまに解釈されてきた。薬屋の錠剤を示しているとも言われ［メディチ家の祖先は医者のため］、のちにはこの球体が質屋のシンボル［欧米では店先に吊るした3つの金色の球は質屋の目印］にもなった。この球体はオレンジだという説もある。

このヴィラの柑橘園はメディチ家の権力と地位を象徴する目的で造られた。1600年に制作されたルネット［アーチや丸天井と壁が接する場所にできる半円形の壁面］の壁画には、両側に樹木が整然と立ち並んだ堂々とした邸宅が描かれている。このヴィラでは現在も数百本の柑橘類が鉢植えで育てられている。そのほとんどは今では商業的に栽培されていない品種で、中にはビザリア・オブ・フィレンツェ［ビザリア bizzarria は「奇妙」という意味のイタリア語］という一風変わった名前のめずらしい種類もある。

これらの樹木は温室がなければ冬越しは難しかったはずだが、温室さえあれば、北のイタリア湖水地方あたりでも柑橘類は小氷河期［14世紀半ばから19世紀半ばまで続いた寒冷期］の寒冷な気候に耐えることができた。今でもマルベリー［桑］が芽吹く時期になると、鉢植えを外に出す習慣がある。最初の温室は藁《わら》や小枝を編んだ垣根で樹木を保護する簡単な構造だったが、しだいに暖房、断熱、換気が改良された。しかし囲いや屋根を解体し、また組み立てるのはかなり費用がかかったので、植木鉢で樹木を育てる技術がいっそう進歩した。
16世紀初めに人文主義者で詩人のジョヴァンニ・ポンターノは『ヘスペリデスの園 *De hortis Hesperidum*』［ヘスペリデスはギリシャ神話の庭園を守る乙女］を発表し、車輪つきの箱に果樹を植えるように勧めた。そうすれば簡単に温室内に移動できるし、宴会の食卓の周囲に置けば、食後の果物を自由にもいで食べられるからである。１６２８年にイギリスの植物学者ジョン・パーキンソンはこのように述べている。

植物を大きな四角い箱に植え、両端を鉄鉤《かぎ》で持ち上げてあちこちに移動させるか、台車か箱の下に取りつけた小さな車輪で、屋内や屋根と壁のある回廊まで押していくという方法もある。(5)

◉温室の誕生

北ヨーロッパの園芸家は、寒さに弱い柑橘類の樹木を守るために大変な手間をかけた。豊かな都市ニュルンベルクでは、絹商人ヨハン・クリストフ・フォルカマー（１６４４～１７２０）が３巻からなる『ニュルンベルク・ヘスペリデス *Nuremberg Hesperides*』という本を作らせ、自分が育てたか、イタリアから取り寄せた柑橘類を写生した銅版画を挿絵にした。彼はまた、ポメランツ（ドイツ語でサワーオレンジ）のための木造のウィンターハウスについても説明している。その建物は

ヤン・ファン・ホイエン（1596～1656）『オレンジストーブ』。銅版画。17世紀にはオレンジ栽培温室を暖めて樹木を保護する技術がいっそう進歩し、上流志向の人々は家庭に温室を備えたがった。

オレンジ栽培温室。ポツダム、ドイツ。1890～1900頃。

藁とローム［粘土や藁などの混合物］で屋根をふいてあった。

気候が合わない場所でも柑橘類を育てたいというこの熱意は、数世紀後の１９５０年代にも共産党支配下のハンガリーで面白い形をとって現れた。政府は割高な輸入果物を国産品に替えたいと考え、バラトン湖に面した南向きの傾斜地に深い溝を掘って果樹を植え、冬場は全体に覆いをかけようと計画した。残念ながらこのプロジェクトは散々な結果に終わったが、この失敗から、『ハンガリーのオレンジ』という名前の風刺的な政治雑誌が誕生した。

17世紀にはオランダで新しい技術が開発され、大きな透明ガラスの生産が可能になった。それによって建築の世界に劇的な変化がもたらされ、温室はそこに収められる異国の植物に似つかわしく、さらに装飾的になった。柑橘類は富の証明であり、豪華なオレンジ栽培温室（オランジェリー）を持つことはヨーロッパの富裕な上流家庭にとって最高のステータスシンボルになった。17世紀から19世紀にかけて、そのデザインはますます華美になり、豪華な噴水や洞窟などの幻想的な建造物で飾り立てられた。

オレンジは室内装飾の題材としても好まれた。屋内庭園やフリーズ［天井の下の壁の帯状の装飾］、フレスコ画、浅浮き彫り、装飾を施した金属製の扉など、いたるところにオレンジが用いられた。フィレンツェの彫刻家の名門デッラ・ロビア家が制作する釉薬《ゆうやく》を塗ったテラコッタ像には、リンゴや木の実、枝葉や花はもちろん、オレンジやレモンが特徴的に使われている。

◉ヴェルサイユ宮殿

フランス国王シャルル8世は、惨敗に終わったイタリア戦争から1495年に帰国した。イタリアの宮殿や庭園が気に入った国王は、ナポリ人の庭園設計師を雇い、アンボワーズ城に巨大なオレンジ栽培温室を作らせた。まもなくフランソワ1世もブロワ城にオレンジ栽培温室を建設した。もっと大きく、もっと美しいオレンジ栽培温室が競うように建設されはじめた。

結局ものをいうのはお金だった。フランスの農業に関する17世紀の古典的論文を執筆したオリヴィエ・ド・セール（1539〜1619）は、次のように明確に述べている。

オレンジ、シトロン、レモンといった高級な果物は、必要な出費を惜しまなければ、どんな気候でもよく育つ。……実際、これらのすばらしい樹木を本来の性質に反するような気候で育てるのは、君主や貴族の娯楽であり、賞賛することはできても、容易に真似のできない贅沢である。(6)

ヴェルサイユ宮殿のオレンジ栽培温室は豪華さの頂点を極め、それに匹敵するものを造ろうという野望を抱くものはほとんどいなかった。アンドレ・ル・ノートルの設計に基づいて、ルイ14世の依頼でジュール・アルドゥアン＝マンサールが建設したその温室は、絶対君主の威光を示すために

ヴェルサイユのオレンジ栽培温室。1850～70年代。写真家フランシス・フリス撮影。

金に糸目をつけない壮大なスケールで構想された。

ヴェルサイユ宮殿の他の庭園と同様に、このオレンジ栽培温室は17世紀のもっともすぐれた芸術家と科学者の技術を展示する場となった。ルイ14世は柑橘類を熱狂的に愛好し、彼の庭園では一年中花が絶えないように工夫された。フードライターのウェイバリー・ルートは、銀製の鉢に植えられた1200本のオレンジの木は食用というより見せびらかすのが目的だったと述べた。なぜならルイ14世は戦争で国を離れている間、大臣に「ヴェルサイユのオレンジの木に対する人々の反応を知らせるように[7]」と手紙に書いているからである。オレンジやリンゴ、洋ナシを積み上げるのは、当時流行した食卓の装飾だった。

ジャン＝バプティスト・イレール『オレンジ摘み』1794年。ペンと黒インク、ガッシュ、水彩絵の具。この絵は王立庭園、のちのパリ植物園を描いている。ルイ13世の侍医によって造られたこの庭園は、1636年に一般に公開された。

ヴェルサイユ宮殿のオレンジ栽培温室は建設に10年近くを要し、貴族社会の噂と羨望の的になり、ガーデンパーティや仮面舞踏会の舞台となった。宮廷付き歴史家のアンドレ・フェリビアンは、1668年にその華やかな情景を次のように描写している。

王家の一行は馥郁《ふくいく》とした香りのする木々が繁る林の中を散策した。迷宮のようにたくさんの小道があり、それぞれ「ポルトガル」オレンジやビターオレンジ、あるいはサクラの木で縁取られていた。アンズやモモ、オランダ産のアカフサスグリ、何種類かの洋ナシの並木が続く道もあった。(8)

言い伝えによれば、ヴェルサイユ宮殿の木々の中の1本は、宮殿が建設される200年近く前にナヴァラ王妃からアンヌ・ド・ブルターニュ［シャルル8世とルイ12世の王妃］に送られた接ぎ穂から育てられたものだという。この木はグラン・ブルボンと呼ばれ、1894年に枯れるまで花を咲かせ、果実を実らせた。現在も冬になるとこのオレンジ栽培温室に千本以上の木々が収容される。木々は四隅にちょうつがいのついた伝統的なヴェルサイユ式のプランターに植えられている。5月から10月の間はプランターが温室前の花壇に並べられる。

ウィーンのシェーンブルン宮殿のオレンジ栽培温室は、ヴェルサイユに匹敵する大きさがある。1745年に建設されたこのバロック様式の温室は、単に冬の間に鉢植えを入れておくための建物にとどまらなかった。華やかな宮廷の宴会や壮麗な祝賀行事の舞台として、木々はロウソクの火で照らされた。ドイツの都市オラーニエンバウム（市場にオラニエ家の象徴であるオレンジの木のブロンズ像が立っている）にもヨーロッパでもっとも長い回廊を持つオレンジ栽培温室のひとつがある。

ザクセン選帝侯アウグスト強王は、1709年に贅を尽くした新しい理想の宮殿をドレスデンに建設する計画を立てた。最初に着手したのは派手で贅沢なオレンジ栽培温室で、その土地にちなんでツヴィンガーと名づけられた。その中には劇場、滝、妖精《ニンフ》の浴場（妖精の像で囲まれた噴水）、水泳用プールがあり、宴会が開かれる広場はまるでオレンジ果樹園の中で食事やダンスを楽しんでいるような錯覚を与えた。木々は白地に青い模様を描いた明代の華麗な鉢に植えられた。しかし、アウグスト王の資金が底をついたため、1733年に王が死ぬと計画は縮小され、ツヴィンガー建築群はおよそ1世紀後にようやく完成した。
オレンジを熱愛するがゆえの、残念な結末だった。

第3章 ◉ いろいろなオレンジ

オレンジの木はあらゆる樹木に勝るとも劣らない美しさを持っている。つややかな緑の葉、輝く果実、えもいわれぬ香りを放つワックスを塗ったような白い星型の花は、他のどの木にもないうっとりするような魅力をたたえている。オレンジは１００年ほど生き、数百個の実をつける。しかしこの木は亜熱帯植物で、生育には温暖な気候と豊かな水を必要とし、霜を嫌う。種類にもよるが、実は熟してもしばらく枝につけたままでよく、収穫後はそれ以上熟すことはない。

柑橘類はミカン科（学名 *Rutaceae*）に属し、植物学的に言うと、果実はミカン状《じょう》果《か》と呼ばれる多《た》肉果《にくか》［果皮がやわらかく果汁が多い果実］である。しかし問題は、オレンジと呼ばれる果物の定義のあいまいさだ。オレンジは非常にまぎらわしい果物である。曖昧模糊《あいまいもこ》とした歴史、国ごとに異なる名称、分類法、そして多岐にわたる複雑な種と変種、突然変異、そして柑橘類に典型的な交《こう》雑《ざつ》による栽培品種などが加わって、このわかりにくさに拍車をかけている。

オレンジを分類しようという試みは数えきれないほどあった。その中でも代表的なふたつの分類法は、正反対のアプローチを取っている。アメリカの植物学者ウォルター・テニスン・スウィングルは、似ているタイプをひとまとめにしてひとつの種名を与えた。田中長三郎は微妙な違いのひとつひとつに着目し、それらを異なる種に細かく分類した。最近では、イギリスの植物学者デービッド・マーバリーがあらためて食用柑橘類を3つの種に分類し、広く受け入れられた。その3つの種とは、シトロン（学名 *Citrus medica*）、ブンタン（学名 *C. maxima*）、マンダリンオレンジ（学名 *C. reticulata*）である。[1]

この分類法によれば、グレープフルーツ（学名 *C. paradisi*）はブンタンとスイートオレンジの交配種である。レモン（学名 *C. limon*）はシトロンとサワーオレンジの交配によって生まれた。ライム（学名 *C. aurantifolia*）はアジア産の柑橘類パペダ［苦くて食用に適さない柑橘類の原始形］とシトロンの交配種のようだ。サワーオレンジ（学名 *C. aurantium*）とスイートオレンジ（学名 *C. sinensis*）は、マンダリンオレンジとブンタンの交配によって生まれた。このふたつはそれぞれ片方の親の特徴をより強く受け継いでいる。

2012年に中国の研究グループがスイートオレンジのゲノム配列を決定した。この成果によって柑橘類の色や味、生産性、病気への耐性などの品種改良が進むと期待されている。[2]

◉サワー／ビターオレンジ

サワーオレンジまたはビターオレンジは種としては同じもの（学名 *C. aurantium*）であり、このふたつの名前は大体において区別されずに使われている。しかし厳密に言えば、「サワー」は果肉の酸味を意味し、「ビター」はこのオレンジから取れる精油を指している。この木はこじんまりとした縦長で、濃い緑色の長い葉をつけ、生育環境がよければほとんど世話をしなくても育つ。スペインには樹齢600年を超えるサワーオレンジがあると言われている。

一般的に花は香り高く、赤みがかったオレンジ色のつやつやした実をつける。果皮は厚く表面にぽつぽつしたくぼみがあり、葉柄《ようへい》［葉と茎をつなぐ部分］の左右には広い翼［葉のように見える板状の突起］がついている。果実には種が多く強い酸味がある。マーマレードの材料になるほか、接ぎ木の台木として利用される。栽培されている主要な品種はセビリヤオレンジと呼ばれる。日本ではダイダイ、中国ではタイタイと呼ばれ、樹形はより矮小化《わいしょうか》している。ペクチンが豊富でマーマレードには最適だ。イギリスで売られているサワーオレンジは、ほとんどすべて、毎年2月頃にスペインから輸入される。おかしなことだが、主要な産地のセビリヤではほとんどビターオレンジが買えないらしい。もっとも、私はセビリヤで道端の木からいくつかビターオレンジをもいだことがある。

19世紀のヨーロッパでは、ビターオレンジの品種が23種類知られていた[3]。現在もっともよく知られているビターオレンジの亜種はベルガモットで、イタリア南部のカラブリア州で栽培され、果皮

ヴィンセンツォ・レオナルディ『サワーオレンジ、花の咲いた小枝と果実』1640年。水彩。

ベルガモットとその皮。ベルガモットの果皮と白いわたは特に厚く、果皮からはスパイシーで甘い香りの精油が取れる。この精油は香水によく使われる。

から精油を抽出して香水や紅茶のアールグレーの香りづけに利用されるほか、果皮の砂糖漬けが作られる。マートルリーフ、あるいはキノットと呼ばれる種類は昔からプロヴァンス地方のアプトの町などで丸ごと砂糖漬けにされたり、カンパリ［苦味のあるリキュール］やキノットというイタリアのソーダに使われたりする。[4]

サワーオレンジの仲間の中で興味深いものに、ビザリア（目を引く2色の縞模様の果実で、サワーオレンジとレモンかシトロンのどちらかの性質を併せ持つ「キメラ」）、ブーケティエ・グループ（ネロリの精油や香水に利用される）、コーニキュラータ（角状の突起がある）、ファッシアータ（黄色とオレンジ色の縞模様）がある。

セビリヤオレンジは、フランスではビガラードと呼ばれる。一方、ビタースイートオレンジ（学名 *C. aurantium var. bigaradia*）［サワーオレンジの変種］の学名にもビガラーディアとつけられているので、とても紛らわしい。ビタースイートオレンジは、スイートと名前にあるとおり、酸味がないことで知られている。

◉スイートオレンジ

スイートオレンジ（学名 *C. sinensis*）は柑橘類の王様である。今でもマンダリンオレンジの人気が高いアジアを例外として、これほど広範囲で栽培され、利用されている柑橘類は他にはない。スイートオレンジは世界で2番目に広く栽培されている果物で、それをしのぐのはバナナだけだ。植物科学者のロバート・ウィラード・ホジソンは、スイートオレンジを普通オレンジ、無酸オレンジ、ネーブルオレンジ、ブラッドオレンジの4種類に分類した(5)。

「普通」オレンジには、新しいものや古いもの、よく知られたものやそうでないものも含めて、何十種類もある。「普通」という名前は卑下しすぎのようだ。以前は（ときには現在も）ブラッドオレンジと区別するために、ホワイトオレンジ、あるいはブロンドオレンジと呼ばれていた。

「普通」オレンジの代表的なものにバレンシアオレンジがある。これは世界でもっとも重要な商業用オレンジで、幅広い気候と土壌に適応できる大きくて丈夫な木である。収穫期の遅い晩生種で、たくさんの実がなる。皮が薄く、ほとんど種のない果実（種のある品種はブラジルやオーストラリアで栽培されている）は、「ジュース用オレンジの王様」というあだ名にふさわしい。

ブラジルのリオの露店で売られるオレンジ。ブラジルなど熱帯の国々では、オレンジはときとして緑色や緑がかった黄色のまま熟す。高い気温が天然の日焼け止めのような役割をして、果皮の葉緑体を保護するからである。しかし温暖な地域では、気温が下がるにつれて緑色の果皮はオレンジ色になる。

バレンシアオレンジはおそらく中国から大西洋のアゾレス諸島を経てポルトガル領に入ったのだろう。イギリスの養樹園主トマス・リバーズは1865年にエクセルシオールという名前でバレンシアオレンジをカタログに載せ、カリフォルニアとフロリダの顧客に苗木を販売した。バレンシアという名前は誤解を招きやすい。この果物は一般に考えられているのとは違って、スペインのバレンシア原産ではないのである。故郷を懐かしむスペインからの訪問者がヨーロッパの晩生種のオレンジに似ていると言ったので、カリフォルニアの新天地でバレンシアオレンジと名づけられた。ハーツ・ターディフやバレンシア晩生種という名前でも呼ばれたが、のちに簡単にバレンシアと呼ばれるようになった。

スイートオレンジには多数の品種がある。ハムリン（短期間で熟す早生種のジュース用オレンジの中でおそらく世界的にもっとも主要な品種）、ハーワード晩生種（ニュージーランド産）、コナ（1792年にハワイに伝わった）、ミッドナイト（南アフリカ原産）、パーソンブラウン（「早生の」フロリダ産ジュース用オレンジ）、ペラ（ブラジルで多く栽培されている）、パインアップル（フロリダで栽培され、上質なジュースができる）、サルスチアーナ（女子修道院の庭で発見された比較的新しいスペイン産の品種）などだ。

シャムーティ、パレスチナ・ジャッファ、またはキプロス・オーバルの名で知られるスイートオレンジは、1844年頃に当時はオスマン帝国の港だったジャッファ（ヤッファ）［現在はイスラエルの港町］の近くで誕生した。地元産の種子の多いベレディという品種の枝変わり［一部の枝だけ

イスラエルのレホヴォトでオレンジの箱詰め作業をするアラブ人とユダヤ人。1930年代。

に遺伝形質の変異が生じる現象」、つまり突然変異である。果皮は厚くて固いが簡単にむけて、種のない香り豊かな鮮やかな色の果肉が現れる。1845年には20万個が輸出され、1870年には輸出量が3800万個まで増加した。1892年にはオレンジを詰めた木箱がおよそ2万個イギリスに向けて輸出された。ビスケットの上にオレンジジャムを乗せてチョコレートでコーティングしたジャッファケーキは、今もイギリスで大人気のお菓子である。当時のオレンジ果樹園はもうなくなってしまったが、ヤッファの裏通りには環境問題に取り組むイスラエルの芸術家ラン・モーリンによる印象的な像が見られる。「宙づりのオレンジ」というタイトルのその作品は、この都市と土地とオレンジの結びつきを強調するために作成された。イスラエルのオレンジ生産者はシャムーティ［ジャッファの別名」の芽接ぎができる若枝をスペインの栽培者に売り、スペインで生産されたシャムーティにジャッファの名（イスラエル産シャムーティのトレードマークとして使われている）を使うことを許可した。ジャッファはブランド名として、ネーブルやグレープフルーツなど、他の柑橘類の品種にもつけられている。私は以前、南アフリカ産のジャッファオレンジを買ったことがある。

不知火《しらぬい》（デコポンとも呼ばれる）は、スイートオレンジ部門で最近デビューした新人である。この果実は大きくて皮がむきやすく、種はない。果頂部が出っ張っているのが特徴で、この見た目からアメリカでは「スモウ」と名づけられた（ブラジルではキンセイと呼ばれている）。タンゴール［品種は「清見《きよみ》」とマンダリンオレンジ［品種は「ポンカン」］を日本で交配させて作られた雑種で、えもいわれぬ香りと、とろけるような食感を持つ。私はこの果物が2011年にニューヨークにお目見えしたときに食べてみたが、やたらと値段の高い不知火は、強烈に甘かった。果皮は厚く丈夫そうに見えるが、傷がつきやすいので、市場では緩衝材の入った箱で売られている。

●無酸オレンジ

この種類のオレンジは酸味がなく、刺激のない甘ったるい風味は多くのアラブ諸国で愛され、スペイン、ポルトガル、イタリアにも一定のファンがいる。そのため、それらの地域では今もこの種のオレンジがある程度生産されているが、輸出はされていない。無酸オレンジのヴェイニグリアは

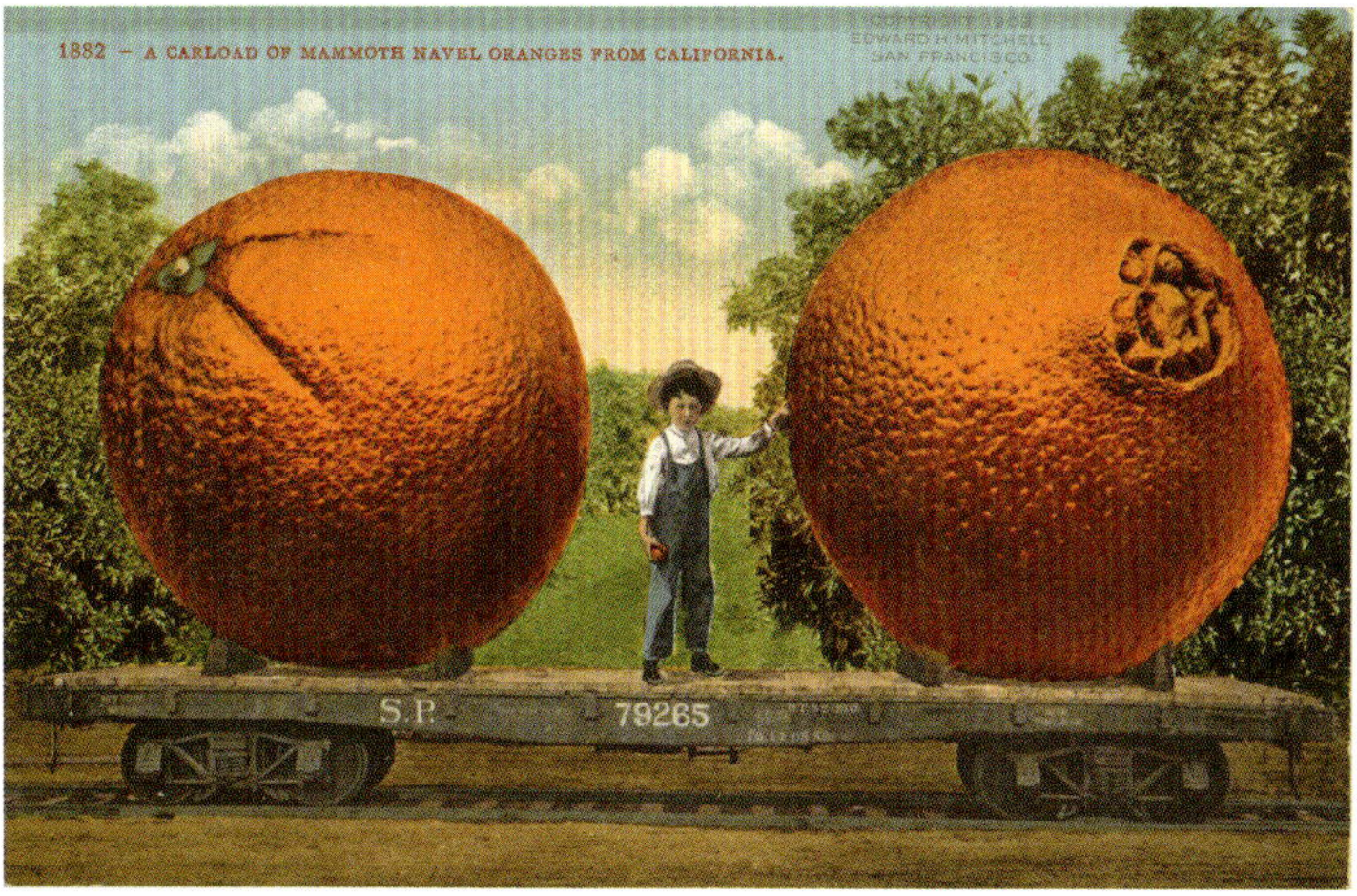

『1882年—貨車１台分のカリフォルニア産巨大ネーブルオレンジ』1909年頃。絵葉書。

果肉がピンク色で果汁が多く、甘くてやや苦味がある。

◉ネーブルオレンジ

ネーブルオレンジは大きくて皮がむきやすく、すばらしい香りがある。搾《しぼ》りたての果汁はおいしいが、バレンシアオレンジと違って、時間がたつとすぐに苦味が出る。17世紀に1000種類の柑橘類を収録した目録『ヘスペリデス *Hesperides*』の中で、イエズス会神父のジョヴァンニ・バッティスタはこのように述べている。「このオレンジは、その木の多産性を見習って、果実の上になんとかもうひとつ果実を実らせようとして失敗している」(6)。この描写はネーブルオレンジの主な特徴である出っ張った「臍《へそ》」の性質を端的に物語っている。この果物には底に臍のように見える窪みがあるのだが、実はこれは果実の中に隠されたもうひとつの果実なのだ。臍を英語でネーブルというところから、ネーブルオレンジと名づけられた。

ネーブルオレンジの品種は数多くあるが、もっともよく知られているのはワシントン、ブラジルではバイアと呼ばれている種類である。原産地は不明だが、おそらくブラジルのセレクタというスイートオレンジから枝変わりで生じたものと思われる。19世紀に長老派の宣教師から12本の苗木がワシントンのアメリカ農務省（ＵＳＤＡ）に送られ、温室で栽培された。育てる意欲のある人には誰にでもこの苗木が配布されたので、カリフォルニア州南部の新しいリバーサイド植民地に住むエリザ・ティベッツが数本譲り受けた。エリザはこの苗木を注意深く育てた。水の便が悪かったので、木を枯らさないように皿洗いに使った水をまいたと伝えられている。エリザの木はカリフォルニアのオレンジ産業の基礎を築いた。１８９３年には、リバーサイドはひとり当たりの所得がアメリカでもっとも高い都市になった。

驚くべきことに、エリザのネーブルオレンジのうちの1本がリバーサイドの中心街に移植され、自動車の排気ガスに耐えて生き残っている。エリザのネーブルオレンジは十分な仕事を果たした——この地域の半乾燥気候のおかげですぐれた品質の果実ができ、急速な商業化が実現したのである。しかし柑橘類の果樹園の大半は、今では土地が安く、安定した水の供給が期待できるカリフォルニア州中央部のセントラル・バレーに移っている。

新しい品種としては、カラカラ（非常に甘く、果肉は赤みがかったピンク色。ベネズエラで発見された）、フクモト（日本からカリフォルニアに導入）、レーン晩生種（オーストラリアの晩生種）、

リバーサイドのワシントンネーブルオレンジの親木、1902年頃。現在は国定歴史建造物になっている。ブラジルのバイアから送られた木から接ぎ木で育てられ、1873年にワシントンからエリザ・ティベッツに送られた２本の木のうちの１本。カリフォルニアのすべてのワシントンネーブルオレンジはこの２本の親木の子孫である。

ネーブレート（ワシントンより色が薄く、臍の出っ張りが少ない）、ネーブリーナ（主にスペインで生産される早生種）がある。さらに最近では、オーストラリアで多数の晩生種のネーブルオレンジが栽培されている。

ローブシトラス社やスカイバレー社など、カリフォルニアの数社が1930年代に植えられたネーブルオレンジの子孫を栽培しつづけている。その果実にはすばらしい香りがあるが、生産量は限られている。

●ブラッドオレンジ

ブラッドオレンジの起源として、十字軍にまつわるロマンチックな、しかし本当とは思えない話が伝えられている。もっと確かな話では、このとげの多い木はシチリア島、そしておそらくマルタ島で、17世紀に出現した突然変異種である。しかしジェームズ・ソーントは、ネーブルオレンジと同様にブラッドオレンジも中国原産であると主張している。(7) 2012年、ブラッドオレンジの「血のような色」(8)を生むアントシアニン色素の生成にかかわる遺伝子（ルビーと命名された）が特定された。この色素は心臓血管の働きを助ける効果が知られているが、昼夜の寒暖の差が激しい土地でないと、この色素は十分に発達しない。シチリアの一部地域はまさに絶好の生育環境である。また、研究者はブラッドオレンジの品種のひとつが中国で独自に誕生したという証拠を発見した。(9)

ブラッドオレンジの輪切り。アランチャロッサ・ディ・シチリアは原産地名称保護制度で守られたブランドで、他の地域ではこの名称は使えない。このブランドのブラッドオレンジはとてもおいしく、あらゆるオレンジの中でもっとも高いビタミンC含有量を誇る。

ブラッドオレンジがどこで、どのように誕生したのか、明確な答えはなく、天から授かったとさえ思えるほどだ。いずれにしてもこの果物は非常に魅力的だ。ブラッドオレンジの色の濃淡は自然が生んだ美の奇跡であり、同じように特徴的な芳香と、ベリー類を思わせる天にも昇るような美味は見た目を裏切らない。また、この果物の長所と魅力に、ひとつとして同じものがないという点が挙げられる。果皮や果肉、果汁に含まれる色素の量や色の組み合わせが少しずつ違うのである。その多様性は無限で、同じ日に同じ木から収穫した果実でさえ異なる顔を見せる。

「サンギーヌ」［サンギーヌはブラッドオレンジの品種の名前］はジャック・プレヴェールによるもの憂げな詩で、ブラッドオレンジの持つ性的なイメージがほのめかされている。

しかし無粋なことを言えば、ブラッドオレンジの多様性は、画一化という条件に反するという理由で、昔は大量消費市場には合わないとされた。幸い、アランチャロッサ・ディ・シチリア［シチリア産ブラッドオレンジ］というブランド名はＥＵの定める原産地名称保護制度［伝統や地域に根差した特産品の品質を保証する制度］で守られている。エトナ山南部の厳密に限られた地域でしか育てられない３つの品種、サンギネロ、モロ、タロッコのみがそのブランド名を名乗ることを許されている。

サンギネロは古くからある品種で、これを基にふたつの派生種が誕生した。ひとつはサンギネロモスカータ（近くの町にちなんでパテルノーとも呼ばれる）、もうひとつはサンギネロモスカータ・クスクナである。モロは熟したサクランボとパッションフルーツの香りを持ち、果肉の強烈な色合いは深紅から暗紅色まであり、ときにはほとんど黒に近いものもある。シチリア島のタロッコは、私に言わせればおそらく世界最高のオレンジだ。果肉の独特な色合いは突然変異によるもので、寒冷な冬の気候がなければ色素が十分に発達しない。果肉はラズベリーのような濃厚な甘味と酸味の完璧な組み合わせである。アメリカでは「ボルケーノ・オレンジ」の名で売られている。ブラッドオレンジはカリフォルニア、テキサス、フロリダでも生産されているが、その品質がイタリア産に匹敵するかどうかは意見が分かれるところだ。

その他の品種に、サンギネリ（種の多い暗紅色のスペイン産のブラッドオレンジで、かつてはスペインのブラッドオレンジの中心だったドブレフィナという品種の派生品種）や、マルテーズ・サンギーヌがある（チュニスに近いボン岬で生産されるものが世界最高の品質だと言われる。フランス人はこの色素の薄いブラッドオレンジを「オレンジの女王」と呼び、ソーントもこれに同意している[10]）。

◉交配種

柑橘類は節操がないと言っていいほど雑種ができやすい。別々の木の間で簡単に受粉して実をつけ、数多くの雑種や突然変異種が知られている。その中には自然なものも人工的なものもあり、同じ種の中だけでなく、異なる種の間でも交配が行なわれる。柑橘類は場合によって自家受粉が可能で、有性生殖によらなくても実をつけ、その種子から子孫を増やすことができる。

柑橘類はつねに研究者の実験意欲をかきたててきた。交配や品種改良、そして新しい品種作りの欲求は、創造主の感覚に経験主義的な好奇心を結びつけた。柑橘類は必ずしも種子から親と同じ形質を持つ子孫を増やすわけではないため、驚きは尽きない。親木との一貫性を保証するもっとも効率的な方法は、選びぬいた接ぎ穂を台木に接ぐことだ。この技術は古代からずっと受け継がれてきた。10世紀のビザンチン帝国で作られた農業の手引き『ジオポニカ *Geoponica*』には、リンゴやマルベリーを接ぎ木の台木にして、それぞれ黒や赤のシトロンを作る方法や、鳥や動物、あるいは人間の顔に見えるようなシトロンを作る方法が書かれている。おそらく文字どおりに受け取らないほうが賢明だと思うが、この本では、リンゴを赤くするには木におしっこをひっかけるとよいと指示している……。

19世紀半ばから末までに商業的オレンジ栽培に接ぎ木が導入されたのは、病気を防ぐためと同時に、品種改良のためでもあった。台木にはサワーオレンジがよく利用されたが、カンキツトリステザウイルス［サワーオレンジ、またはサワーオレンジを台木とする柑橘類に感染するウイルス］の流行は、世界各地で大きな被害を出した。新たに開発された接ぎ木の手法のひとつに、試験管内接ぎ木（台木の種子から育てた子葉に、成長した植物の新芽の先端を移植する方法）がある。

プロの育種家が目指すのは、収穫量の改善、貯蔵性の向上、好ましい外見と味の改良などだが、しばしばアマチュア育種家の中には、甘くて食用になる果実が実り、しかも耐寒性にすぐれた柑橘類を生みだしたいと考える人々がいる。そうした栽培者はたいてい、まず落葉樹で耐寒性の強い柑橘類のカラタチ（学名 *Poncirus trifoliata*）に手をつけるが、彼らの努力はもれなく失敗に終わっている。自然の掟は厳しいのだ。

これまでにさまざまな交配種が柑橘類の仲間入りを果たした。タンゴールはマンダリン（品種はタンジェリン）とスイートオレンジを交配させたもので、テンプル、ドゥイート、エレンデール、ユーマティラ、マーコットなどの品種がある。マーコットは皮が非常に薄いので、木から収穫するときはもぎ取るのではなく、ハサミで切り取らなくてはならない。テンプルは果汁たっぷりで、果皮のきめが粗く収穫期が短いという性質があり、20世紀初めに西インド諸島からフロリダに持ち込まれたと考えられている。オータニークはハニータンジェリンとも呼ばれ、自然交配によって誕生したタンゴールである。1920年頃にジャマイカで発見されたと伝えられている。ミネオラは一般にスイートオレンジかビターオレンジの仲間だと考えられているが、実際にはタンジェリンとグレープフルーツをかけあわせてできたものだ。このふたつを交配させて誕生したミネオラは、思いがけず味わい豊かで酸味があり、香りのよい品種になった。交配が予想もしない結果を生むよい例である。

交配種の命名は、果実そのものの複雑さと同じくらいロマンと興味をかきたてる。タンゴールの品種のひとつであるアンバースイートは、スイートオレンジ、クレメンタイン〔地中海マンダリンとスイートオレンジの交配種〕、マンダリン、グレープフルーツの特徴を少しずつ受け継いでいる。ヴォルカマーはレモンとサワーオレンジの交配種で、イタリアで誕生した。オランジェロはスイートオレンジとグレープフルーツの交配種で、プエルトリコで種子から育った木が野生の状態で生えているのが見つかった。グレープフルーツと同じようにして食べられるが、グレープフルーツよりも甘く、明るい黄色の果実である。シトレンジはスイートオレンジとカラタチ（学名 *Poncirus trifoliata*）の交配種だが、シトレンジをさらにキンカン（kumquat）と交配させたものは、シトレンジカット（citrangequat）という堂々たる名前になる。これだからオレンジの命名は面白いし、一筋縄ではいかないのである。

柑橘学は偉大な執念のようなものだ。台湾農業研究所に勤務していたホアン・アーシェンは、約

１７０種類の異なる品種を開発した。２０１２年に退職する前の最後の仕事は、キングという名の世界最大のオレンジを作ることだった。その果実の重さは平均６００グラムと言われ、人の顔ほどの幅がある。外見は特大のオレンジというよりは、巨大なマンダリンに見える。しかし「柑橘類の神様」と教え子から呼ばれるアーシェンは、彼が作り出したこの果物によって柑橘類の歴史に名を残した。

第4章◉オレンジ産業

◉カリフォルニア青果協同組合

オレンジは戦争や侵略、貿易、そして植物収集家の旅とともに世界中に広がった。オレンジ市場は今のところ伝統ある大規模な生産者たちに牛耳られているが、スワジランドやキューバといった新しいオレンジ生産国が台頭している。柑橘類産業は神々からの贈り物の上に築かれたものだとしても、ビジネスはビジネスだ。そしてオレンジはまさにビッグビジネスである。

何世紀もの間、希少性と値段の高さのせいで、オレンジは貴族や有産階級の家庭しか手の届かないものだった。この果物が中産階級や、さらには労働者階級でも手に入るようになったのは、ふたつの主な要因、すなわち蒸気機関の発達と人工冷蔵技術の発明のおかげだった。

19世紀にアメリカで柑橘類が流行したことによって、シチリア島の伝説的なコンカ・ドーロ盆地

フロリダのオレンジ果樹園の中を走る汽車。1910～20年頃。鉄道の敷設は柑橘類産業の急成長に重要な役割を果たした。それによって生産者が国中に速く効率的にオレンジを輸送できるようになったからである。

で栽培されるオレンジの輸出は大きく増加した。興味深いことに、この現象はマフィアの歴史と密接に結びついている。イギリスの歴史学者ジョン・ディッキーは、1880年代半ばには「毎年250万箱という驚くべき量のイタリア産柑橘類がニューヨーク港に届けられたが、そのほとんどはパレルモ「シチリア島北西部の都市」から出荷されたものだった[1]」と述べている。

しかしまもなく、カリフォルニアとフロリダの柑橘類産業が、急速に発展することになる。鉄道の建設、輸送技術の発達、新しい農業技術や品種改良技術、灌漑の発達、革新的な販売方法、そして言うまでもなく懸命な努力のおかげで、オレンジ産業は急成長した。

1886年、カリフォルニアのウォルフスキル果樹園は、初めてオレンジだけを積んだ列車を東海岸へ送り出した。しかし、19世紀末にカリフォルニアのオレンジ産業は大きな問題に直面した。土地の高騰、供給過剰、鉄道会社による支配、そして胴枯れ病である。生産者は果樹園をつぶすわけにはいかなかったが、果実が実るのを止めることもまたできなかった。もっと強い交渉力を得るために、彼らはカリフォルニア青果協同組合（CFGE）を設立した。生産者は貯蔵方法を考案するか、さもなければ消費量を拡大しなければならなかった。広告はそのためのひとつの手段であり、この「新しく」、「新鮮な」果物の大量消費を確立していく過程で、カリフォルニアもまた「太陽があふれる州（サンシャインステート）」という典型的なイメージで売り込まれたのである。

オレンジのすぐれた栄養面が知られるにつれて、消費は拡大した。オレンジはあらゆる病気に効く万能薬として宣伝された。1920年代の終わりには、カリフォルニアの柑橘類農家はアメリカ人の平均収入の4倍を稼いでいた。カリフォルニアのオレンジ産業が始まったリバーサイドは豪邸や公園のある高級住宅地になり、カリフォルニア青果協同組合は木箱用の木材を収穫する森林まで所有する巨大な垂直統合型企業［生産から販売まで自社で一貫して行なうこと］に発展し、組合は海外販売事務所さえ経営していた。1907年に、カリフォルニア青果協同組合は生の果物としては初めて独自ブランド「サンキスト」を立ち上げ、売り込みに多額の資金を投入した。キャッチフレーズは「健康になりたければオレンジを、豊かになりたければカリフォルニアへ」だった。

しかし、またもや生産過剰が問題になりはじめた。値崩れを防ぐため、作りすぎたオレンジの「黄金の山」は廃棄された。満足に食べられない人が大勢いる大恐慌のさなかに、この行為は社会に衝

フロリダ州オレンジ郡のオレンジ生産者の日常風景。1885年。白黒写真。

カリフォルニア・オレンジウィーク・フェスティバルのダンスパーティ会場の装飾。1938年頃。柑橘類産業が毎年開催したこの祭りは、毎年の社交行事のひとつだった。

撃を与え、ジョン・スタインベックの『怒りの葡萄』(1939年)によって厳しく糾弾された。

西海岸のおだやかで晴天の多い気候は、ネーブルオレンジの生産に適している。対照的に、バレンシアオレンジはフロリダの砂質の土壌と暑くて湿度の高い気候の中でよく育つ。昔は家族経営のジューススタンドが州道に沿ってフラミンゴの群れのように林立していた。特に多かったのはインディアンリバー地区である。1960年代以降、自然災害や病気、商業開発、そして国際的大企業の圧力に屈して、数千軒が店をたたんだ。

●黄金時代の光と影

柑橘類栽培が商業的に黄金時代を迎えてい

オレンジを摘む女優のフリーダ・ジョーンズ。オレゴン州ポートランド、1954年。

スパークマンのオレンジショップ。フロリダ州サムターヴィル、1950年代。このような家族経営の小さな店が、観光客相手に新鮮なオレンジやジュースを売っていた。また、オレンジは贈答用の籠に盛られて北部にも出荷された。

た頃は、果実は色鮮やかなラベルを貼られ、ときには色つきのやわらかい紙にひとつずつ大切に包まれて木箱に収められた。オレンジが贅沢品から日常的な食品に変わるとともに、味は二の次になり、安定した供給、均質性、見た目のよさが重視されるようになった。やがて、協同組合的な開拓者のコミュニティは大企業や財閥に取って代わられた。

冷蔵技術と海上輸送の発達により、南半球の国々からの輸出が可能になり、冬の代表的な果物［ネーブルオレンジは冬が収穫期］が北半球に一年中出回るようになった。ブラジル、特にサンパウロ州は世界最大のオレンジ生産地で、そのほとんどはジュースに加工される。同じ面積で比較すると、オレンジはコーヒーや小麦よりも収益が大きい。大規模な生産と輸送はブラジルの成功を支えたが、コスト削減競争のあおりを受けて、過去には法に触れるような行為もあった。１９９９年には、ブラジル（チリとエクアドルも同様に）の生産者がオレンジの収穫に未成年労働者を雇っていたことが発覚した。[2]

その後の10年間でこの状態は改善が進んだが、２０１０年11月の報告書によれば、ルーラ・ダ・シルヴァ前ブラジル大統領が極度の貧困と児童労働の削減にかなり力を入れたにもかかわらず、「この問題は現在も早急な対策を必要としている。……特に貧しいブラジル北東部では、多くの子供たちがなすすべもなく非合法的な労働市場に取り込まれている[3]」

成人労働者も必ずしも正当な扱いを受けているわけではない。２００６年、ブラジルの労働組合は、サンパウロの６万人のオレンジピッカー［オレンジの収穫作業をする労働者］のうち40パーセントが最低賃金を下回る報酬で働かされ、半分は法律で定められた福利厚生を受け取っていないと推定した。[4] しかし、これは南アメリカだけの問題ではない。機械による収穫が試験的に導入されているが（収穫機は果実が同時に熟す木にしか使えないという欠点がある）、生食用のオレンジは特に、現在も手で収穫するのが一番よい方法である。

フロリダ柑橘類協会の昔の標語に「オレンジのない一日は太陽の出ない一日だ」というものがあるが、チャンスの国アメリカの農業労働者の現実は、とうてい明るいとは言えない。１９６１年に詩人のデービッド・イグナタウが発表した詩「オレンジピッカー」は、遠くから眺めるとオレンジ色の横断幕のように見えるオレンジ果樹園と労働者のつらい現実を対比させて、「私はオレンジに裏切られた」と歌っている。労働者のリーダーで公民権活動家のセザー・チャベスはカリフォル

オレンジ摘み。1902年。オレンジ産業の初期には、オレンジ摘み労働者ははしごに登ってオレンジを手でもいで、バケツか肩にさげた袋に入れた。収穫用のはさみが導入されたのは1900年である。

ニアのラテン系農場労働者のために数々の待遇改善を実現させたが、不法移民、苛酷な労働条件、標準以下の賃金という問題は、最近のドキュメンタリー映画『収穫 *La Cosecha*』（２０１１年）で厳しく指摘されたとおり、今も解消されないままだ。

◉奴隷労働

２００３年のフロリダの新聞の調査によって、移民労働者はおよそ2リットルのジュースに相当するオレンジの収穫に対して、３・５セントしか支払われていないことが明らかになった。同じ量のジュースは、普通3・39ドルで小売される。[5] アメリカ農業の他の多くの部門と同様に、柑橘類の果樹園ではしばしば生産コスト削減を目的に、「底辺への競争」〔労働環境や福祉が最低水準へ向かうこと〕が行なわれている。輸入品やコストの増加、需要の低下によって利益が減っている産業では特にそれが顕著だ。移民の規制と労働者の権利の保護は、労働力の確保とバランスを取りながら進めなければならない難問である。

フロリダを本拠地とするイモカリー労働者連合（ＣＩＷ）は、労働者に対する組織的な搾取は今も存在すると主張し、貧困ラインを下回る賃金、時間外労働に対する支払拒否、団結権の否定といった「低賃金・重労働」の苛酷な労働条件や、脅迫や身体的暴力によって農場労働者を強制的に拘束する「現代の奴隷制」などのさまざまな問題を告発した。ＣＩＷは移動博物館を運営し、現

移民のオレンジ摘み労働者。フロリダ州ポーク郡、1937年。

「フロリダ現代の奴隷博物館」のトラック。21世紀に労働者を奴隷として拘束していたトラックを再現し、強制労働から解放された労働者の意見を取り入れて作られた。

代の悲惨な奴隷労働の現状を訴えている。驚くべきことに、1990年代半ば以降、フロリダでは少なくとも6件の事件で1000人を超える奴隷状態の労働者が解放された(6)。

また、CIWは、農産物ビジネスに携わる大企業はアメリカ農産物市場の「需要」側を規制する責任を負うべきだと指摘している。

食料品を買う大企業は、労働者が苛酷な条件で働き、最悪の場合は奴隷労働によって生産した農産物を購入することで、その不自然な低コストの恩恵を受けている。現代の巨大企業は、自分たちの持つ莫大な資金と農産物の主要な購入者としての影響力を行使し、奴隷労働のような労働搾取をサプライチェーン［生産から流通、販売までの一連の流れ］から徹底的に排除するべきである。

最近になってイタリアのカラブリア州で柑橘類労働者の劣悪な生活環境が調査され、アフリカ系移民労働者が不当な低賃金で働かされている実態が明らかになった。彼らの仕事は多国籍企業向けの濃縮ジュースの原料となるオレンジの収穫である。オレンジの価格は非常に安いので、報告書によれば、多くの農園主が樹上で果実を腐らせて放置しているという(7)。

◉自然災害と病害虫

その他にも問題はある。たとえば季節外れの霜は深刻な被害を与えかねない。霜の降りる夜は果樹園を暖めるために、バーナーや「いぶし器」［短い煙突のついたドラム缶のような容器で、灯油を入れて燃やすと煙が果樹園の上空を覆って気温の低下を防ぐ］が使われてきた。また、地表近くの冷たい空気と上空の暖かい空気をかき混ぜるために、巨大な扇風機を回す生産者もいる。霜よけのもうひとつの方法は、スプリンクラーで水をまくことだ。水は凍るときに熱を放出するので、凍結寸前の水が果実を包んでいる間は、果実自体の温度は氷点下に下がらないので、果実は凍らずにすむのである。しかし、この方法は一時的な冷え込みには効果があるが、氷点下の気温が長く続けば、オレンジは凍ってしまう。アリゾナ大学の研究によれば、小さめの果樹を布で覆う、電球を木にぶら下げる、土壌の湿度を一定に保つなどの対策が考えられるが、霜に強い品種や台木、栽培地の選択にも注意が必要だという(8)。

病害虫にもつねに警戒しなくてはならない。ミバエは柑橘類産業に壊滅的な打撃を与える可能性

オレンジ果樹園に散水する。フロリダ州レイクランド。

があるし、ミカンキジラミによって媒介される「カンキツグリーニング病」は、恐ろしい悪夢のシナリオを描き出す。[9] この病気は、感染した果樹が酸っぱい緑色の不格好な実をつけることからこの名前がつけられ、アメリカなどで広大な面積の柑橘類を全滅させた。この病気は20世紀初めにフロリダに侵入し、最近のデータによれば柑橘類の果樹の18パーセントがすでに感染しているという。しかも感染比率は年々倍増している。[10]

厳しい規制と検疫体制にもかかわらず、2012年3月にこの致命的な病気がロサンゼルス郡の住宅地で発見された。おそらく違法に輸入した木が感染源だと考えられている。今のところ効果が認められた治療法はなく、この病気を撲滅するのは蚊を駆除しようとするようなものだとも言われているが、柑橘類産業は数百万ドルを投じて対策の研究に取り組んでいる。

この病気の蔓延を防ぎ、拡大を阻止するためには、日常的な監視、感染した木の伐採、そしてウイルスを媒介する体長4ミリほどのミカンキジラミの防除が必要である。感染した木を伐採する代わりに、果樹に農薬や「栄養スプレー」をたっぷりふりかける農園主もいるが、環境問題の専門家であるエヴァン・フレイザーとジャーナリストのアンドリュー・リマスは、農薬が「環境を有毒な泥沼へと変え」[『食料の帝国』藤井美佐子訳、太田出版]ようとしていると警告している。(11) 一方、スプレーされた栄養分が葉から吸収され、収穫量の増加という思いがけない副次効果が得られたと考える農園主もいる。

化学薬品はひとつの治療法になるかもしれないが、生産者がみな農薬をもっと使いたいと思っているわけではない。また、病気にかかった木をすべて切り倒すという「焦土作戦」が本当に有効かどうか、科学者は現在検討しなおしている。対策のひとつは、オレンジや果樹の新しい品種を生み出すことだ。コーネル大学の科学者たちはこの病気のウイルスに耐性のある木を遺伝子工学的に造る研究をしている。(12) テキサスではホウレン草の遺伝子を利用した遺伝子改変が進められている。(13) フロリダ大学はシルバーマルチ[銀色のフィルム]を果樹の周囲に敷くことで、反射する光が害虫を寄せつけない効果があると評価している。また、カリフォルニアではとても小さな針のない寄生バチがミカンキジラミの天敵として放虫されている。(14)

消費者の立場からは、農薬や着色料[黄緑色のオレンジの果皮を着色する]を使わずに栽培されたオレンジが欲しければ、有機栽培のものを買うのが一番いい。着色料は消費者が思い描く理想のオレンジのイメージに合わせるために使われているのである。[15] フェアトレード［発展途上国の作物や製品を適正価格で購入することで、生産者の生活向上に役立てる仕組み］商品のオレンジは、ささやかだが急速に発達しているすきま市場［特定の顧客や需要を持つ規模の小さい市場］である。たとえば南アフリカでは、20を超える生産者が国際フェアトレード認証を取得している。だから、もしオレンジに使われた農薬や添加物が心配なら、フェアトレード商品のジュースを買うか、フェアトレード認証ラベルのついた有機オレンジを買って、自分でジュースを搾るといい。

オレンジ産業とオレンジジュースは相互に結びついている。私たちはそれを当然のように考えているが、それは必ずしも事実ではない。

第5章◉オレンジジュース

◉「新鮮」なオレンジジュースとは?

「このオレンジジュースは搾りたて《フレッシュ》?」と私はリバプールのレストランで店員に聞いた。「はい」と彼女は答えた。「今パックを開けたばかりです」

これをただの笑い話だと受け取る人もいれば、いかにもありそうな話だとうなずく人もいるだろう。オレンジは食べるための果物であると同時に、飲み物でもある。フルーツジュースやオレンジジュースについて考えるとき、「新鮮」という言葉は必ずついて回る。オレンジジュースは世界でもっともよく飲まれている加工ジュースで、近年では不景気や収穫量の低下、値上げ、競合商品のせいで売上が減っているとはいえ、オレンジジュースのない朝食は本物の朝食とは言えないと考える人は多い。

著述家で歴史家のマーガレット・フィッセルは、果物のジュースを飲むのは、食べるのとはまったく違う経験であると述べている。「〔ジュースは〕鶏肉の骨を除いたりコンソメを濾したりするような細心の手間をかけて作られた果物の、洗練された贅沢なエッセンスである」[1]。残念ながら、オレンジに対するこうした手放しの賛辞は、町中にあふれる紙パックの中で失われてしまった。

オレンジジュースはあらゆる意味で長い道のりを歩いてきた。たえず改良を重ねながら、オレンジジュースは自然の産物から世界的な工業製品になり、ニューヨーク株式取引所で取り引きされ、宇宙食として宇宙に打ち上げられさえした。

市販されている大半のジュースは、見た目は搾りたてをそのままパックに注いだようにしか見えない。しかし、大量消費市場向けの商品は、規格化され、工業化され、国際化されている。ニューヨークのペンステーションで買う搾りたて《フレッシュ》ジュースの色が季節とともに深まっていくとノンフィクション作家のジョン・マクフィーは書いているが[2]、現実のオレンジジュースは魔法のような技術と巧妙なマーケティングの産物である。宣伝という黒魔術に至っては、「フレッシュ」という表現はせいぜい比較の問題でしかない。本当の意味でフレッシュなジュースは、あなたが自分で搾ったもののことだ。

◉初期のオレンジジュース

17世紀に西インド諸島産の砂糖の価格が下がったために、パリでレモネード［レモン果汁に砂糖やハチミツで甘味をつけて冷水で割ったもの］を飲む習慣が広まった。続いてオレンジエードも作られるようになったが、こちらはあまり人気がなく、フランス語のリモナードは砂糖水にジャスミンやメース［ナツメグの種皮］、カーネーションやオレンジの花で香りをつけたあらゆる飲み物を指す一般的な用語になった。

17世紀の有名な日記作家サミュエル・ピープスは流行に敏感で、1パイント［0・5リットル強］のオレンジジュースを飲んだと1669年の日記に書いている。「彼らはこのジュースに砂糖を入れてワインのように飲む。とてもおいしい飲み物だが、このようなものを飲むのは初めてだったので、体に悪くないか心配だった」。それから少し後に、アーモンドとオレンジの花を使ったオルゲートという飲み物が評判になり、18世紀ロンドンの飲食店や遊園［娯楽施設を備えた庭園］の定番商品になった。

◉加工ジュース産業

しかし、オレンジジュースを本格的なビジネスとして成功させたのは、さらに200年後のカ

カリフォルニアのレッドランズ・オレンジデール組合による木箱ラベル。20世紀初頭。

リフォルニアが最初だった。供給過剰に困った生産者が果樹を切り倒しはじめると、サンキストオレンジが「オレンジを飲もう」という有名なキャッチフレーズを打ち出したのである。ジュースの製造過程で出るオレンジの搾りかすはウシの飼料などに利用された。オレンジジュースの販売は、鉄道やトラックによる効率的な輸送、オレンジジュースの栄養面の評価の高まり、そして品質保持期限を長くする高温短時間殺菌法のおかげで拡大した。

加工ジュースの巨大市場が本当の意味で最初に生まれたのは、20世紀前半のフロリダである。このとき初めて、果汁から果肉を取り除き、濃縮し、最初は缶詰で、その後は冷凍で、豊富な果実を濃縮冷凍オレンジジュース（FCOJ）として一年中販

フロリダ州オカラのハイランド・ホテルで、フロリダ産オレンジジュースを味見する旅行者。1950年代頃。

売するという方法に生産者が真剣に取り組むようになったのである。この事業は高い利益を上げ、のちに第2次世界大戦が始まると、兵士にビタミンCを供給する必要からいっそう発展した。

1970年代に深刻な霜害によって果実が大打撃をこうむり、オレンジ栽培農家とジュース生産者は新たな問題に直面した。フロリダ州政府柑橘局はジュース加工用オレンジの供給を安定させるため、ブラジルで始まったばかりのオレンジ生産を保護することにした。ブラジルのオレンジ生産は飛躍的に成長した。ブラジルにはコーヒーがありあまっているかもしれないが、今ではオレンジジュースもありあまるほどある。ブラジルは世界最大のオレンジジュース生産国であり、大半は輸出されている。

今日では、特にラベルにはっきり書かれていない限り、フロリダでパック詰めされたジュースの原料が100パーセントアメリカ産オレンジということはあり得ない。濃縮ジュースはおそらくフロリダ産、ブラジル産、メキシコ産などを混合したものだろう。しかし、2012年にこの状況に変化の兆しがあった。ペプシコ社が同社の看板商品であるトロピカーナ・ピュア・プレミアム・オレンジジュースを以前のようにフロリダ産オレンジだけで生産すると発表したのである。それでもやはり、世界中で消費されるオレンジジュースのうち、5杯に3杯はブラジルで生産されていると推定され、この数字が今後劇的に変わるとは考えにくい。(3) 石油と言えばサウジアラビアであるように、オレンジジュースと言えばブラジルなのだ。

ブラジルの成功は、効率化、大規模栽培、技術的なノウハウの蓄積、そして統合されたサプライチェーンの賜物である。１９９０年代初め、ブラジルの4大加工会社がフロリダの工場を買収した。10年後には同州の加工能力のおよそ半分がこれらの会社の傘下に入った。世界自然保護基金の上級副理事長を務めるジェイソン・クレイは、「ブラジルのオレンジ加工業のフロリダへの進出は、きわめて抜け目なく進められた」と書いている。(4)

２００２年にブラジルの柑橘類産業は、その数年前にフロリダで発達した非濃縮オレンジジュース（ＮＦＣ）の生産にのり出した。それ以来、ブラジルのオレンジジュース産業は目覚ましく発展した。現在、ブラジルのシトロスコ社はサンパウロ州のサントスで世界最大のオレンジジュースターミナル［貯蔵、在庫管理、出荷などを行なう拠点］を運営し、そこから高品質の非濃縮ジュースと大量の濃縮冷凍ジュース（かさばらないので輸送コストが安い）を輸出している。また、ベルギーの都市ヘントにもシトロスコ社のターミナルがある。ここは大容量の容器に入れられた殺菌処理済みの非濃縮ジュースの受け入れと出荷を担当する世界で初めてのターミナルだ。最初の船積みが行なわれた１９９９年は、ジュースの海上輸送の幕開けの年となった。

70年以上もの間、フロリダの柑橘類産業は関税障壁によって外国との競争から保護されてきた。しかし、同州が国内産以外の柑橘類の加工品にかけていた消費税が２００３年に廃止され、２０１１年にはアメリカのアンチ・ダンピング関税［国内産業を保護するために外国からの安い輸入品に課される関税］を不当とするブラジルからの申し立てに対し、世界貿易機構（ＷＴＯ）はブラジルに有利な裁定を下した。しかし1年後、アメリカ最大の柑橘類生産者団体であるフロリダ柑橘類相互組合は、関税を復活させる請願書を提出した。[5] また、フロリダの生産者はブラジルがまずカナダに商品を輸送し、そこからアメリカに出荷することで関税逃れをしていると主張して、新たな論争を引き起こした。２０１１年にはブラジルの大企業シトロヴィタ社とシトロスコ社が合併し、オレンジジジュース卸売業界で世界最大の企業となった。

これがフロリダの柑橘類産業にどのような影響を与えるかはまだわからない。フロリダは壊滅的な打撃を受けるという人もいれば、損失はこうむるだろうが（特に小規模な生産者）、全滅するわけではないという人もいる。２０１２年の初め、ブラジルから輸出されたオレンジジュースから防カビ剤カルベンダジムが検出された件は大騒動に発展し、世界中の消費者に不安を与えた。問題の防カビ剤はヨーロッパでは限られた量の使用が認められているが、アメリカは２００９年に使用を禁止している。アメリカ国内のジュース生産者は消費者の不安に乗じてまき返しを図ったが、ブラジル産オレンジは世界の輸出量の85パーセントを占めているため、かんじんのオレンジの価格が高騰してしまった。[6] アメリカの懸念に応えて、ブラジルは柑橘類への防カビ剤の使用を削減すると発表した。

●いかに搾るか

過去10年間に、オレンジジュース業界は新しい市場を次々に開拓した。たとえばアジアは人口が増加し、生活が豊かになったし、中東はイスラム教によって飲酒が禁止されているため、オレンジジュースの消費拡大が期待できる。貧しい国々では自分で搾ったジュースを飲むか、生の果物をそのまま食べるのが普通だ。[7] 収入が増えるにつれて、まずは濃縮ジュースを、続いて非濃縮ジュースを飲むようになり、皮肉なことに、最終的には値段の高い生のオレンジを自分で搾って飲む習慣に逆戻りする。あるいは業者か他の誰かにオレンジを搾らせる。

昔はジュースの作り方は非常に簡単だった。生のオレンジを切って搾るだけ。今はなぜこんなに複雑でわかりにくくなってしまったのだろう?

19世紀末まで、台所で使われる搾り器は長い取っ手がついたふたつのパーツでできていた。一方はお椀型、もう一方はドーム型で、ちょうつがいで開閉できる仕組みになっていた。現在見かける搾り器は、搾る部分に山型の筋があり、縁でジュースを濾せるようになっていて、種を落とさない工夫がされている。このタイプは1897年に、有名な通信販売会社シアーズ・ローバック社のカタログに初めて登場した。マーガレット・フィッセルが指摘するように、最初はレモン搾り器として売られていた。オレンジをひねる人間の手の力を利用したすばらしくシンプルなデザインだ。フィッセルは次のようにつけ加えている。

1916年2月19日付けのサタデー・イブニング・ポスト紙に広告が掲載されてからというもの、この搾り器は世界の台所を占領しはじめた。その広告は朝食に「オレンジを飲もう」と勧め、丸いガラス製のオレンジジュース用のオレンジ搾り器を1個10セントで売った(8)。

やがて電動ミキサーにオレンジジュース用の付属品がつくようになった。ミキサーが回転している間、オレンジを押さえておく部品である。今日では、気のきいた道具や機械が数えきれないほどある。たとえばフィリップ・スタルクがデザインしたアレッシ社の搾り器は、まるでタランチュラのように見える。しかし私は昔ながらの木製の、縦に溝が刻まれた円錐形の搾り器が今でも一番よく搾れて、しかも安上がりだと思う。手がべたべたするのが気にならないならお勧めだ。

●保存と冷凍濃縮

オレンジの酸味と自然の糖度はブリックスという単位で計られる。最高級のフロリダオレンジがそうであるように、糖の含有量が多く、色の濃い果汁をたっぷり含んだ重たい果実がもっとも高く評価される。しかしオレンジの味と食感は、種類や季節、生産地、木のどこに実っていたかによっても当然のように違いが出る。果物本来のこうした多様性は個人の消費者にとって魅力の一部だとしても、品質のばらつきは工業製品としてもっとも敬遠される点でもある。

搾りたてのジュースは短期間しか品質が保てないため、生産者はそのジュースを保存するさまざまな方法を考えた。まず最初は缶詰だった。しかし、初期の缶ジュースの味はひどいものだった。

1920年代に真空状態で水分を蒸発させた濃縮液がフロリダで初めて冷凍されたが、水分を取り除く際に風味も失われてしまった。品質のよい冷凍ジュースの生産は急務だった。すでに述べたように、第2次世界大戦中に軍の携行食として支給する必要があったからだ。それは技術的な面でも実務的な面でも難しい問題だった。数百万人の兵士に支給する大量の果物を輸送することなど、米軍にはとうていできそうもなかった――いや、不可能だった。最初の解決法は粉末オレンジジュースで、水を加えるだけで飲める便利なものだったが、残念ながらこの粉末ジュースはあまりにもまずく、当時はとうてい飲めたものではなかった。一方、缶ジュースは長距離を運ぶには重くかさばり、しかも戦時中に金属は貴重品だった。

品質のよい冷凍濃縮ジュースを開発するために、あらゆる努力が注がれた。1943年にようやくフロリダ柑橘類委員会の科学者が画期的な発見をした。濃縮液を冷凍する前に少量の搾りたてのジュースを加えると、風味が向上することがわかったのだ。こうして作られた冷凍濃縮液は大きな缶に入ったジュースを輸送するより便利で、水を加えて戻せば缶で運ばれたジュースと比べて遜色のない味になる。冷凍濃縮ジュースはオレンジジュースの歴史を永遠に変えることになった。

これを機に、トロピカーナやミニッツメイドといった巨大ブランドが成長した。その背景には戦後のベビーブームや、オレンジの皮をむくのは時間の無駄でうんざりだと考えるような郊外型ライフスタイルの流行、そしてもちろん冷蔵庫や冷凍食品、そして時代を象徴する冷凍濃縮オレンジジュースの小さな缶といった新しいキッチン用品があった。

女性が子供のコップに冷凍濃縮オレンジジュースを注ぐ。フロリダ州サラソタ、1963年。アメリカ人の多くが濃縮ジュースを水で薄めた還元ジュースを飲んで育った。

冷凍濃縮液の作り方は基本的にシンプルであると同時に、きわめて複雑でもある。オレンジは洗われ、選別されてから、果皮を針でつつかれて精油が抽出される。搾汁機はオレンジの果皮とその内側の白いわたの部分を剝ぎ取り、果汁を搾る。果汁は「濾過用」の仕切りを通り、そこで果肉や種が除かれる。搾りかすは家畜のえさにするか、ペクチンの抽出、醸造酒の製造に利用される。現代のオレンジジュース工場はとてつもなく巨大で、オレンジジュースが大河のように流れるのだ。まるで石油精製所のようだというピエール・ラスローのたとえは秀逸である。(9)

冷凍濃縮オレンジジュースを作るために、果汁は真空蒸発法によってとろりとした状態に濃縮され、冷却され、殺菌処理されて

トロピカーナのトラック。フロリダ州ブレーデントン。トロピカーナはシチリア人の移民アンソニー・T・ロッシが1947年に設立した会社で、現在はペプシコ社の傘下にある。ロッシはのちに低温殺菌法を開発し、濃縮ジュースではないチルドジュースをパラフィンでコーティングした紙パックで大量販売した。

から冷凍されて、たいていそのまま数か月間保存される。これに濾過水を加えれば「食卓に出せる（ready to serve）」（RTS）状態になる。

1973年にコカ・コーラ社は冷凍濃縮液に水を加えて戻したミニッツメイドのチルド飲料［生産から流通・販売まで0℃～10℃で管理される飲料商品］を市場に出した。冷凍濃縮液を使用することによってよりおいしくブレンドでき、季節によるオレンジの味のばらつきを避けられるので、一定の品質のジュースを提供できるとコカ・コーラ社は主張している。

一方トロピカーナ（ペプシコ社）は、1980年代に非濃縮還元（NFC）ジュースを売り物に、いわゆる「オレンジジュース戦争」に突入した。もともと非濃縮還元ジュースはすでにその30年前に考案されていたが、このアイデアのすぐれた点は、消費者は特別な価値を手に入れるためなら喜んで余分なお金を払うだろうと考えたことだ。[10] 非濃縮還元ジュースは殺菌処理され、酸化を防ぐために「脱気」〔液体中に含まれる気体を取り除くこと〕される。ときにはパック詰めされるまで数か月タンクで保存される場合もある。このジュースはしばしば消費者の要求に合わせて「調整」される。たとえば果汁の酸味が強すぎる、色が薄い、水っぽいといった場合、オレンジから抽出したいくつかのエキスを組み合わせた「風味パック」を使ってジュースの均質性を保っている。

また、アメリカの法律では、オレンジジュースの色をよくするためにマンダリンオレンジの果汁を10パーセントまで加えることが認められている。「ビッツ」〔果肉の意味〕あるいは「ジューシー・ビッツ」という妙な名前をつけられた、ジュースの原料のオレンジとはまったく違う種類の柑橘類の果肉を冷凍濃縮還元ジュースと非濃縮還元ジュースの両方に加えることも許可されている。

興味深く、かつ皮肉なことに、2012年にペプシコ社はトロピカーナ・ブランドのオレンジジュースの販売拡大計画を発表したが、その方法はなんと水を加えることだった。ジュースを薄めれば利益率が上がるのは当たり前だ。特にそのジュースを斬新な容器にパックすればなおさら売れるだろう。[11]

◉「自然な」ジュースとは何か？

2012年の初め、カリフォルニア在住のひとりの母親が、トロピカーナを相手取って集団訴訟を起こした。トロピカーナの非濃縮還元ピュアプレミアムジュースは、実際には「徹底的に加工された」ものであり、「自然な」製品ではないというのだ。その後まもなく、コカ・コーラ社のシンプリー・オレンジという商品も同様の訴訟の対象になった。香料と風味パックの添加はジュースの「本質的な性質」を変えると原告は訴えた。この裁判は、ジュース製造は芸術か科学か、そして何が自然で何がそうではないのかという根本的な問題に迫るものだった。(12)

「フレッシュ」や「ピュア」、そして「ナチュラル」という言葉でさえ、その意味はあいまいだ。しかし、スーパープレミアム「フレッシュリースクイーズド［搾りたて］ジュース」と銘打っていれば、そのジュースは低温殺菌されず、加工されてから24時間以内に配達されたことを意味している。ただのプレミアムジュースであれば、ある程度殺菌されているが、開封前でも冷蔵する必要がある。どちらも高価だが、ただのプレミアムジュースにその価値があるかどうかは疑問だ。2008年にアメリカの『コックス・イラストレーテッド』誌は、「実際にはプレミアムジュースも普通の瓶入りジュースと同じく、多くの工程を経て加工され、風味を向上させるために『混ぜ物を添加』されている」と報じた。

2012年にEUの規則が変更され、フレッシュジュースと濃縮還元ジュースの違いが明確に定められた。また、砂糖や甘味料を果実ジュースに添加することが禁止されたが、イギリスではいわゆる「果汁入り飲料」に対する法的な定義がなく、市場の慣行に従っているにすぎない。アメリカでは、果糖ブドウ糖液糖［デンプンを分解し、甘味の強い果糖に変化させたもの］など、果汁以外の成分を添加したジュースは果汁入り飲料、あるいはジュースカクテルと呼ばれる。果汁入り飲料に含まれる果汁の割合は製品によって大きく異なる［果汁100パーセント以外は「ジュース」の名称が使えない決まりがあり、日本の場合、それ以外は「果汁入り飲料」、また果汁の割合が10%未満なら「清涼飲料水」と呼ぶ］。あるペットボトル飲料には、成分表示ラベルに書かれた水、糖類、香料、甘味料、着色料などと並んで、果汁がほんの少ししか入っていない可能性もある。たとえば果実風味の炭酸飲料がそうだ（第9章参照）。

イギリスでフルーツネクターと呼ばれる飲み物は、果物によって異なるが、少なくとも25～50パーセントの果汁を含む必要があり、濃縮果汁を含む場合はそれを明記しなければならない。アメリカでは、ネクターとは果実ジュースやピューレ［果肉を細かくすりつぶしたもの］を水で薄めて、通常は人工甘味料を添加した飲み物である。

「オレンジ味」や「オレンジ風味」という言葉も混乱を招く。果汁がまったく入っていなくてもオレンジの味がする飲み物があるからだ。果汁入り飲料は果汁100パーセントのジュースに比べて生産費が安く、霜害、不作、為替レートの変動、そして大手スーパーからの値下げ圧力など、業界にとって頭の痛い問題の影響を緩和してくれるので、これからも飲料業界の主力商品であり続けるだろう。

子供の食生活向上を目指すイギリスの保護者ネットワーク「ペアレント・ジュリー」は、2003年に、あるブランドの果汁入り飲料1杯に、小さじ4杯分を超える砂糖(成分表には炭水化物と記載)が入っていることを明らかにした。また、この団体は栄養価の低い飲料に果実の写真や絵、果実を思わせる描写を用いるのは非常に誤解を招きやすいと批判した(13)。

果汁から作られるものに、スクワッシュやコーディアル、シロップがある。いずれも果汁を濃縮して作られるが、濃さはさまざまで、水や炭酸水、アルコールで割って飲むためのものだ。サイダーやソーダと呼ばれる炭酸飲料は(最低でも)炭酸水と甘味料を含み、もしかしたら果汁が少しは入っているかもしれない。

もしも私がオレンジだったら、いい加減にしろと訴えるだろう。

第6章◉花と果皮

◉オレンジの花の大流行

商業化や粗悪品の横行、品質低下などの問題はあっても、オレンジが人を魅了する力は今も昔も変わらない。オレンジの花の香りを嗅げば、軽やかな羽で月まで飛んで行けそうな気がするだろう。その香りは愛とロマンスを感じさせる。世界でもっとも魅惑的な香りのひとつである。

オランダの画家ヤン・アントニス・ファン・ラーヴェンスティンは、1663年に真珠と高価なエナメル製のオレンジの花で飾られた精巧な冠を頭に載せたプリンセス・オブ・リーニュの肖像を描いた。真珠を連ねた飾りを幾重にも身にまとい、首の周りを囲む飾り襟の上からかろうじておだやかな表情が見て取れるこの貴族の姫君が、はたして婚礼を間近に控えていたのかどうかはわからない。しかし、香り高いオレンジの花を結婚式のブーケや髪飾りにする習慣は、17世紀末には確

結婚式で花嫁が被る花冠。1854年。オレンジの花は染めた羽で作られ、絹を巻いた針金につけて絹のリボンで飾られている。

実にヨーロッパで流行しつつあった。オランダの画家ピーテル・クラースは、『七面鳥のパイのある静物』（1627年）の中で、くちばしにオレンジの花をくわえた置物の鳥を描いた。これは結婚の暗示で、同じようにジャン・シメオン・シャルダンの『ブリオッシュ』（1763年）にも、ブリオッシュの上にオレンジの小枝が描かれている。

　オレンジの花の流行は、19世紀にはヨーロッパにすっかり定着した。アメリカもまた、オレンジの花のとりこになった。作家のアン・モンサラットはミス・メアリー・ヘレンという女性のメロドラマのような話を次のように語っている。

はすっぱな若い娘が、ジョン・クインシー・アダムズ大統領［任期1825～1829年］の3人の息子たち全員の愛情をもてあそ

特別列車「オレンジ・ブロッサム」に乗り込む女性客。フロリダ州セブリング、1930年代。この旅客列車はニューヨーク―マイアミ間を走り、豪華な客車とスピードが評判になった。

んだあげく、真ん中の息子に落ち着いた。彼女は1828年の冬にワシントンのホワイトハウスで執り行なわれた結婚式でオレンジの花を身につけた。花嫁の付き添いを務めたいとこのアビゲイル・アダムズは、花嫁が「白いサテンのドレスにオレンジの花と真珠を身につけて、とても美しかった」と語った(1)。

1840年に結婚式を挙げたヴィクトリア女王は、レースのウェディングベールの上にダイヤモンドのティアラではなく、かぐわしいオレンジの花を飾った。白い花は純潔の象徴であり、オレンジは多産の印だった。オレンジの花は大流行していたので、花を何層にも重ねて入れた樽がいくつもプロヴァンス地方から北に出荷された。フロリダからもヨーロッパに向けて輸出されたほどである。

あまりの流行にうんざりする人も現れた。イギリスの作家ですぐれた審美眼の持ち主だったジョン・コーディ・ジェファーソンは、1870年代に「無色の花冠」はもういい加減にやめたらどうかと言い、「黄色っぽい白のオレンジの花だけを身につけて見劣りしない美しい娘など千人にひとりもいない」のだから、「緑、紫、赤や深紅の色鮮やかな花冠をつけたほうがいい」と提案した。オレンジの花に対するジェファーソンの嫌悪は、単に美的な問題にとどまらなかった。

習慣とロマンチックな思い込みによって、オレンジの花冠が必要以上に崇拝されている。オレンジの花の白は純粋な白ではないし、この植物が象徴する意味からも、イギリスの花嫁には他の花を選ぶように勧めたい。(2)

しかし、ジェファーソンの懇願に女性たちは聞く耳を持たなかった。生花が手に入らないときは、蠟《ろう》で作られたオレンジの花が使われるようになった。

●うっとりするような香り

オレンジの花の香りは魅力的であるばかりでなく、貴重でもある。水蒸気蒸留法［原料となる植物の入った蒸留釜に水蒸気を送り込むことによって、植物中の精油を気化させる方法］を用いると、オレ

オレンジの花の香水。フロリダ、1946年。

ンジの花からかすかな柑橘系の香りとフレッシュな花の香りが混ざったうっとりするような香りの精油が抽出される。柑橘類の精油は花やつぼみはもちろん、果皮や葉、若枝からも取り出される。ビターオレンジ、ビタースイートオレンジ、スイートオレンジのどれを用いるかによって、香りの性質と基調が微妙に違う。

ビターオレンジのつぼみと花から抽出した最高品質のネロリの精油は、軽い収斂《しゅうれん》作用［肌を引き締める作用］があり、スパイシーな香りがする。ネロリという名前は、ネローラ公国の公妃がこの精油を手袋の香りづけや入浴に用いていたことからつけられた。プチグレンと呼ばれる精油は、ビターオレンジの葉と若枝から水蒸気蒸留法によって抽出される。オレンジジュース産業でジュースを搾ったあとに残る果肉や果皮から水蒸気蒸留法や溶剤抽出法、超臨界流体抽出法によって抽出される精油は値段が安く、食品産業で風味づけに使用される。

水蒸気蒸留法によって精油を抽出すると、オレンジフラワーウォーター［芳香のある蒸留水］が残る。これは中東や地中海地域では家庭の必需品で、民間療法や家事に利用され、焼き菓子やシロップの香りづけにも使われる。14世紀にボッカッチョは『デカメロン』の中で、ナポリにあるシチリア人娼婦の寝室にローズウォーターやオレンジウォーターなどの高価な香りが漂っていたと描写し、オレンジフラワーウォーターの香りが恋の戯れにぴったりだと強調した。

１４５３年、ブルゴーニュ公はリール［現在フランス北部の都市］で宴会を催した。食卓の中央には精巧に作られた砂糖菓子が載っていた。それは半分女性で半分蛇の伝説的な女王メリシンダと

結婚式で客に贈る記念品。1889年。蠟と布や紙で作られた花を針金につけてシルクサテンのリボンでまとめたもの。

リュジニャン城を象《かたど》ったもので、メリシンダは城の塔のてっぺんに坐し、城の外壁から湧きだすオレンジフラワーウォーターが堀を満たしていた。

新世界［アメリカ大陸］のチョコレートと旧世界［ヨーロッパ］のオレンジは、香り高いもの同士、海を越えて運命の出会いを果たした。言い伝えによれば、フランス王妃マリー・アントワネットは寒くて憂鬱な日にはオレンジフラワーウォーターとスイート種のアーモンドで作ったホットチョコレートを愛飲したという。この話には続きがあって、王妃は王室薬剤師のスルピス・ドゥボーヴに、処方された薬が苦いと苦情を言った。ドゥボーヴは薬とココア、砂糖、香料を混ぜ合わせて錠剤やコイン型にするという斬新なアイデアを出した。王妃はコイン型チョコレートをピストル［スペイン金貨のこと］と名づけた。ピストルは今もチョコレート店ドゥボーヴ・エ・ガレで売られている。もちろん薬は抜きで。

オレンジのハチミツは蜂の巣をオレンジ果樹園の中に置いて作られる（蜂は果樹の受粉も助けている）。軽やかでうっとりするような味わいが魅力だ。イランでは乾燥させたオレンジの花を籠《かご》に入れて市場で売っている。カスピ海沿岸では透き通ったビターオレンジの花のジャムが名物だ。(3)

●果皮のさまざまな用途

オレンジにはほとんど捨てるところがない。作家で植物学者のジュリア・F・モートンによれば、南太平洋諸島の人々はつぶしたオレンジとふやかした葉を昔から石鹸の代わりに用いていたという。グアム島の初代総督ウィリアム・サフォードは、女性たちが川の中で衣類にサワーオレンジの果肉を塗りつけ、それからトウモロコシの穂軸でこすって洗濯するのを見たと記録している。(4) 1931年、カリフォルニアの柑橘類業界誌のカリフォルニア・シトログラフは、シチリア島の都市アチレアーレで伝統的に作られていたオレンジを使った嗅ぎ煙草入れの記事を載せた。半分に切って天日干ししたオレンジを使ったその嗅ぎ煙草入れは、まるで明るい色の鹿皮でできているように見えたという。

オレンジの果皮を砂糖漬けにする方法は、サトウキビと一緒にアラブ人によってヨーロッパに伝わった。乾燥状態で、あるいはシロップ漬けで保存された果皮の砂糖漬けは、イギリスでは「サカード」あるいは「サケット」と呼ばれるようになった。これを食べるための特別なフォークも作られた。一方の端は二股の小さなフォークで、もう一方の端は小さじくらいの大きさのスプーンになっている。18世紀に料理書を出版したメアリー・イールズ夫人は、「チャイナチップ」の「レシピ」を紹介し、オレンジの果皮を「とても薄く、白いわたの部分を残さないようにむいてから、細長く切る」と説明している。イールズ夫人はチャイナオレンジを使っているが、「セビリヤオレンジでも同じようにできる。とても苦いので、砂糖少々をふるとよい[5]」と書いている。

ハナ・グラースとマリア・ウィルソンによるイギリスの料理書『製菓大全 *The Complete Confectioner*』（1800年）には、チャイナオレンジとセビリヤオレンジの両方を使って、ゼスト［皮の表面の部分だけを薄くむいたもの］の砂糖漬け、オレンジピール［果皮を乾燥させたり砂糖漬けにしたりしたもの］、オレンジ酒［オレンジをリカーに漬けたもの］を作るレシピが載っている。興味深いことに、著者は次のように述べている。

イギリスでは、これらのオレンジを生産する国と違って、この果実から精油を取り出すことはできない。なぜなら、輸送中に自然の香りがかなり失われるのはもちろんだが、この国ではオレンジは非常に高価なので、抽出業者がオレンジから精油を抽出しても、精油の値段が高くな

りすぎて売れないからである。(6)

オレンジジュースをワインに混ぜて飲む習慣は、すでに古代中国からあったと言われている。またビザンツ期［ビザンツ帝国（東ローマ帝国）が存続した4～15世紀］の終わりには、ワインや水を入れるガラス瓶にビターオレンジで蓋をする面白い習慣がキプロス島にあった。(7) 17世紀オランダのきわめて写実的主義的な画家たちは、らせん状に半分むかれた皮がついたままの丸ごとのオレンジやレモンが入った大きなワイングラスを静物画に描いた。まるでマティーニというカクテルに入れられた大きなオリーブのようだ。そのオレンジやレモンの上からワインが注がれ、ワインを飲む前に、むいた皮でグラスの縁をこするのだ。いつしかこの習慣は簡略化されて、オレンジの皮をむくのに使ったナイフでグラスに入れたワインをかき混ぜるだけになった。

また、オランダ人は蒸留酒、特にジンにビターオレンジの果皮やハーブを漬けこんで成分や香りを抽出させた「ビターズ」と呼ばれるリキュールを愛用した。西インド諸島のキュラソー島特産の苦いキュラソーオレンジ（学名 *C. aurantium var. curassaviensis*）［ビターオレンジの変種］の緑の果皮は、その名を取ってキュラソーと呼ばれるリキュールを作るのに現在も利用され、何種類かのベルギー・ビールの醸造にも使われている。

ラム酒で作るシュラブと呼ばれる飲み物は、もともと18世紀に初期のラム酒の「欠点」を隠すために考案された。同じ時代のグロッグやバンブーといったラム酒ベースの飲み物に近く、もっともシンプルな作り方では、ラムかブランデーに砂糖とオレンジかライムの果汁を加えるだけでいい。ルイ14世はオレンジと蒸留酒と砂糖を混ぜ合わせたものを媚薬として愛飲していたと言われている。しかし、昔のバーテンダーはそんな単純なものでは満足しなかった。シュラブ、ティンクチャー［アルコールに果実やハーブを漬けて成分を抽出したもの］、パンチ［果実や果汁を加えたアルコール飲料］、そしてコーディアル［蒸留酒に果実の甘味と香味を加えた酒］など、オレンジを使った飲み物のレシピがウィリアム・クラークによる『パブと居酒屋の主人の実践的手引き *The Publican and Innkeeper's Practical Guide*』（１８３０年）にいくつも載っている。そのバラエティーの豊富さは現代のバーテンダーも顔負けである。

これらの飲み物には、たとえばクレーム・ド・フィーヌ・オランジュなど、フランス語の名前がついたものがある。それらはコアントロー、グランマルニエ、ドランブイユ、キュラソー、そしてトリプルセック［本来はキュラソー社が発売した甘味を抑えたキュラソーの商品名で、多数の類似品が出回った］「風」の酒など、数多くのオレンジリキュールの先駆けであり、転じてそれらのオレンジリキュールはサイドカー、ペグ・クラブ、コスモポリタンといったカクテルの名品を作っていく。

オレンジで作る「地ワイン」は、オレンジがたくさんできる土地なら試す価値のある飲み物だ。たとえばプロヴァンス地方のヴァン・ドランジュ［オレンジワイン］は、オレンジの輪切りをワインとブランデーに浸したオレンジ風味のワインである。オレンジジュースでカンパリを割ってもおいしい。バックスフィズやミモザなど、呼び方は違っても、シャンパンとオレンジジュースを混ぜ

イタリア人デザイナーのレオネット・カピエッロが描いたカンパリのポスター「スピリテッロ」。1921年、リトグラフ。カンパリはアルコールと水に香りのいいビターオレンジの果皮と果肉やハーブから成分を溶かし込んで造られた酒。1860年にイタリアでバーテンダーをしていたガスパーレ・カンパリが考案した。

たものはパーティを盛り上げる飲み物になる。スペイン南部では、オレンジの輪切りを浮かべたサマーサングリアがなければ完璧な休日とは言えない。

オレンジの果皮を使った実験はまだ続く。数年前、コーネル大学の研究者は、温室効果ガス、すなわち二酸化炭素とオレンジなどの柑橘類の果皮を利用してプラスチックを造る方法を発見した。2011年にはイギリスのヨーク大学の科学者が、ジュース産業から排出されるオレンジの搾りかすから化学製品、素材、燃料を生産するオレンジピール開発会社を設立すると発表した。(8)

また、耳を疑うような話だが、オレンジの精油を使ってより丈夫で長持ちするタイヤを生産する計画があるという。2012年、ゴム・タイヤメーカーの横浜ゴムは、天然ゴムにオレンジの精油を配合してグリップ性能［摩擦力］とトレッド［タイヤの接地面］寿命を高めた新しいタイヤを発売した。タイヤ1個を造るのに何個分のオレンジの果皮が必要なのかわからないが、苦境に立つフロリダのオレンジ生産者にとって朗報であることは間違いない。

同じエコ精神にのっとって、最近、環境保護に力を入れる人々はオレンジの皮の利用法を次々に発表している。オレンジの皮で電球を磨いてさっぱりした香りを楽しむ、オレンジの香りの洗剤やポプリを作る、ウォッカに浸ける、爪を磨く、ネコや蚊を寄せつけない等々……。まったくオレンジはすごい！

第7章◉詩の中のオレンジ

◉アジア〜アラブの詩

つややかな緑の葉と優雅な花、そして永遠の春を思わせる果実は、何世紀も詩人や作家、そして音楽家に霊感を与えずにはおかなかった。杜甫（712〜770）は『甘園』という詩で、オレンジの花の持つうっとりするような魅力を優美に歌った。

春日清江《しゅんじつせいこう》の岸、千甘《せんかん》の二頃《にけい》の園。
青雲、葉の密なるに羞《は》じ、白雪、花の繁《しげ》きを避《さ》く[1]。

［春のある日、四川省を流れる川の岸に千株の蜜柑を植えた広い畑がある。青々と繁る葉には青雲も恥ずかしがり、木々を埋め尽くす白い花は白い雪も避けるほどである］

杜甫と同じ中国の詩人ティン・トゥン・リン（772〜845）は『蜜柑の葉影』の中で、時代を覆う物悲しさを伝えている。

若い娘が部屋でひとり、絹で花を刺繡《ししゅう》している
ふいに遠くから笛の音が聞こえ、娘は震える
あれは青年の愛のささやき
障子越しに伸びる蜜柑の葉影が膝に落ち、娘は目を閉じる
着物を剝ぎ取る手を感じる(2)

12世紀のイスラム教徒の詩人のひとりは、シチリア島のパレルモに近い館に生えたオレンジを「エメラルドの枝の中で燃え立つ火(3)」と歌い、その情景をくっきりと浮かび上がらせる。リチャード・バートン訳『千夜一夜物語』（1885年）では、カイロにあるブラッドオレンジの果樹園の描写が鮮やかである。

手の中の赤い果実が炎のように輝く
まるで金色の豪華な晴れ着で装った
女たちの頰のよう(4)

オレンジがデザインされた着物。19世紀前半。絹織物に刺繡と絞り染め。

中世のイベリア半島に居住していたイスラム教徒は、独特なアラビア語を話した。その言葉で書かれたイブン・サラによる『オレンジ』という詩では、オレンジは「愛の苦悩に赤く染まって、……凍りついた涙だ。もしも溶ければワインになる」と切々と歌われた。(5)

コプラと呼ばれるスペインの古い民謡は、明快で鮮明なイメージという点で俳句に似ている。

1本のオレンジの枝
こんなに小さいのに、こんなにたくさん実をつける。

ジョヴァンニ・ポンターノ(1426～1503)の『ヘスペリデスの園』は、引退した役人がナポリに近い自分の庭園のオレンジの木を思い出し、郷愁にふける姿に想を得て作られた教訓的な詩である。(6) ポンターノはまた、ギリシャ神話に登場するヘスペリデスの園の黄金のリンゴが、実は柑橘類だと判断した最初の人物でもある。

◉ヨーロッパとその他の詩

それから1世紀後、フランスの詩人ピエール・ド・ロンサール[1524～1584]は、ヘレネー[トロイア戦争の原因となったギリシャ神話の絶世の美女]に捧げた哀切なソネットの中でこう書いている。

その優しい手が添えられたあなたのオレンジとレモン
その愛の印を私が唇に押し当て、胸に抱くのを
どうか見てください。(7)

イタリアのイエズス会士ジョヴァンニ・バティスタ・フェラーリは、17世紀に柑橘類のすぐれた百科事典『ヘスペリデスの園、あるいは黄金の林檎の栽培 *Hesperides, sive, De Malorum Aureorum Cultura*』（1646年）を著し、オレンジにこれ以上ないほどの賛辞を込めて次のように述べた。「そこで私はこの小さな丸い果物に、この世の飾りというふさわしい名前を与えよう。黄金の衣に包まれた姿は、まさに大地を飾る装飾品のようだからである(8)」

オレンジの木は、詩的な隠喩では恩恵と約束を意味している。しかしイギリスの劇作家ジョン・ウェブスターによる悲劇『モルフィ公爵夫人 *The Duchess of Malfi*』（1623年）では、ある登場人物がオレンジのイメージを逆手にとって、「オレンジの木は、花と青い実と熟した実とをいっぺんにつけるもんだが、女の場合、純愛のために男を喜ばせるものもいるが、ほとんどはもっと高価な報酬目当てだろう」と皮肉をこめて語る［『白い悪魔・モルフィ公爵夫人』小田島雄志訳、白水社］。

フランスの作家スタンダールは、南とはオレンジが地面で育つ場所だと定義した。メキシコ系ア

カリフォルニア・バレンシアオレンジ・ショーの宣伝写真。このショーはカリフォルニア州の都市アナハイムで1921年から1931年まで開催された。

メリカ人の詩人ギャラリー・ソトは、冬空に色鮮やかなオレンジをかざし、「人は思うかもしれない／僕が掌《てのひら》でかがり火を焚いていると」と歌って、若者の恋のひとこまを描いた。しかし、シェークスピアの『から騒ぎ』の登場人物クローディオは、見た目に隠された女の本性を見抜いたと思いこみ、婚約者のヒアローを腐ったオレンジにたとえて、「彼女の貞節はとんでもない見かけだおしだ。ご覧のとおり、うぶな娘のように顔を赤らめている」と言い放つ。また、ヒアローのいとこのビアトリスはクローディオの不機嫌な顔つきを見て、「苦いお気持ちなのです、苦味のあるオレンジのように。だからお顔の色も嫉妬のせいで黄色っぽい」〔『から騒ぎ』松岡和子訳、筑摩書房〕と言う。「苦いお気持ち（civil）」とは、おそらく「セビリヤ《シビル》（seville）オレンジ」にかけた絶妙なしゃれだろう。クローディオは本当に嫉妬のせいで黄色くなったのだろうか？

ゲーテは柑橘類の木の忘れ難い美しさを称えて「君や知る、レモン花咲く国、／暗き葉かげに黄金《こがね》のオレンジの輝き」と歌う『ゲーテ詩集』高橋健二訳、新潮社』。そして「つれない娘に」では、オレンジに託した恋人への強い思いを、ほとんど隠そうともせずに歌っている。

黄橙《ポメランツェ》、
熟《う》れた黄橙、
あまい黄橙、
ゆさゆさとゆさぶるのが、わからないのか
わたしの膝に　落ちないのか？
［『ゲーテ全集』山口四朗責任編集、潮出版社］

イギリスの小説家エリザベス・ギャスケルは『クランフォード』（1851～1853）の中で、ミス・ジェンキンズとミス・マティーがオレンジを食べるようすを面白おかしく描写している。

ミス・ジェンキンズはオレンジを切るのを好みませんでした。そんなことをすると、汁がみんなどこかへ行ってしまうからだそうです。オレンジをおいしく味わうには、吸う（彼女はもっと奥ゆかしき言葉をつかったと思うのですが）に限るとのこと。でも、これは赤ん坊のやり方を思い出してあまりおもしろくない。そこで、オレンジの出まわる季節になると、ミス・ジェンキンズとミス・マティーは、デザートのあとでそっとめいめいオレンジをつかんで立ちあがり、自分たちの私室にとじこもって、誰にも見られずに心ゆくまでちゅうちゅうやっていたものです。［『ギャスケル全集1』小池滋他訳、大阪教育図書］

同じようにアイリス・マードックの『海よ、海』（1978年）［蛭川久康、集英社、1982年］でも、オレンジはひとりで食べるものだと書かれている。作家のマーガレット・フィッセルは『食卓の儀式 *The Rituals of Dinner*』の中で、大望を抱く人は招かれた夕食の席で「決してオレンジに手を出さないように」、と厳しく戒めたヴィクトリア朝のマナーの本に触れている。[9]

アメリカの小説家ギルバード・ソレンティーノの詩集『オランジェリー *The Orangery*』（1978年）は、最初から最後までオレンジへの賛辞であふれている。オレンジ色で装丁され、オレンジ色の見返し［表紙の内側の紙］がつき、全ページにオレンジの枝の挿絵が入れられ、どの詩もオレンジについて何らかの形で触れている。オレンジという言葉を入れ損なったソネット［14行詩］にさえ、ソレンティーノは最後にちゃっかりと「オレンジを忘れていたよ。やれやれ」と書いている。[10]

ノーベル文学賞を受賞したチリの詩人パブロ・ネルーダは、「オレンジへのオード Ode to the Orange」の中で、オレンジにただの果物以上の意味を与え、冒頭でこのように歌う。「お前に似せて／お前のイメージで／オレンジよ、／この世界は造られた。／太陽は丸く／燃え立つような皮に包まれている」。そして「私たちは金塊のように／分割された／一つの車輪の輻《や》だ」[11]という言葉で政治的団結を表現した。

イギリスの詩人ルース・ピターは『他人の温室』で、イギリスの公爵の庭園を訪れた経験を風刺的に歌っている。

実をつけ芽吹いたオレンジの木が
私たちの冷ややかなまなざしを清め、郷愁を呼び覚まし
かぐわしい果樹園、ホタル、そして地中海に
恋い焦がれる変わらぬ思いをかきたてる！[12]

オレンジが苦痛と嘆きを象徴する場合もある。たとえばスペインの詩人ロルカの「枯れたオレンジの木の歌」では、「樵夫《きこり》よ。／切り落とせ　わたしの影を。／実の一つもない自分の姿を見る苦しみから／わたしを解き放ってくれ」[13]［『ロルカ全詩集I』小海永二訳、青土社］と歌われている。また、アメリカの詩人ウォレス・スティーヴンズ（１８７９～１９５５）の「日曜日の朝」では、「寝衣と日の当たる椅子に坐って／飲むおそいコーヒーと蜜柑の／満足感」［『世界詩人全集21　現代詩集II』鍵谷幸信編、新潮社］と歌って、オレンジのあるおだやかで家庭的な情景を描いたかと思うと、すぐに死と神の本質に対する深い瞑想へと沈んでいく。[14]

胸の張り裂けそうな抒情詩『さまようイーンガスの歌』によって、アイルランドの詩人ウィリアム・イェーツはギリシャ神話のヘスペリデスの姿をよみがえらせた。

彼女の行方をつきとめて
その唇に口つけし、その手を把りたい。
丈高い斑《まだら》の草地をあるきまわり
時がついに果てるまで
月の銀の林檎と
太陽の金の林檎を摘みたい(15)。
〔『イエーツ詩集』加島祥造訳編、思潮社〕

最後の印象的な一行は、詩人の心に宿る詩的霊感を示すものである。アメリカのSF小説家レイ・ブラッドベリはこの言葉に着想を得て、1953年に同名の小説『太陽の黄金《きん》の林檎』〔小笠原豊樹訳、早川書房、1962年〕を発表した。また、1970年代にはドノヴァン〔イギリスのミュージシャン〕や、リッチー・ヘヴンス、ジュディ・コリンズ〔両名ともアメリカのフォーク歌手〕らが「太陽の金の林檎」を歌にした。

1950年代のコックニー〔ロンドンの下町なまり〕の俗語で、「時計じかけのオレンジのような変人」といえばホモセクシュアルを意味している。イギリスの作家アンソニー・バージェスはこの言葉に想像力を刺激され、1962年に『時計じかけのオレンジ』〔乾信一郎訳、早川書房、1971年〕という小説を書いた。イギリスの作家ジャネット・ウィンターソンは、主人公の成長を描く半自伝的小説『オレンジだけが果物じゃない』(1985年)〔岸本佐知子訳、白水社、2011年〕を出版した。タイトルのオレンジは、主人公が拒絶する一連の価値観の象徴である。

個人的な感慨は、ときには政治的にもなりうる。現代パレスチナ文学のアンソロジーに収録されたハッサン・アルブハイリによる『オレンジの花―パレスチナの歌』は、失われた祖国を想う詩である。しかし、オレンジは普通、愛や生命、未来の希望の贈り物を象徴していることが多い。たとえばアメリカの詩人ジョージ・ウォーレスは『尼僧の庭』の中で、「このオレンジを受け取ってくれ、ジュアニータ。中に太陽が入っているよ」と歌っている。(16)

もうひとりのアメリカの現代詩人ロナルド・ウォーレスは、同じように印象的な感覚的表現で『オレンジ』という晴れやかな詩を始めている。「僕は今朝オレンジを食べる/酸っぱくて果汁たっぷりのオレンジ/僕の口は1日中ひりひりするだろう(17)」

イギリスの劇作家ジョー・ペンホールによる戯曲『ブルー/オレンジ *Blue/Orange*』は2000年にロンドンで上演された。鉢に盛ったオレンジを真っ白い舞台背景の中に置く演出は、1964年の映画『タンタンと青いオレンジ』を参考にしている。同じ頃、メキシコの芸術家ガブリエル・オロスコは、ニューヨーク近代美術館周辺に住む人々に依頼して、オレンジをそれぞれの部屋の窓

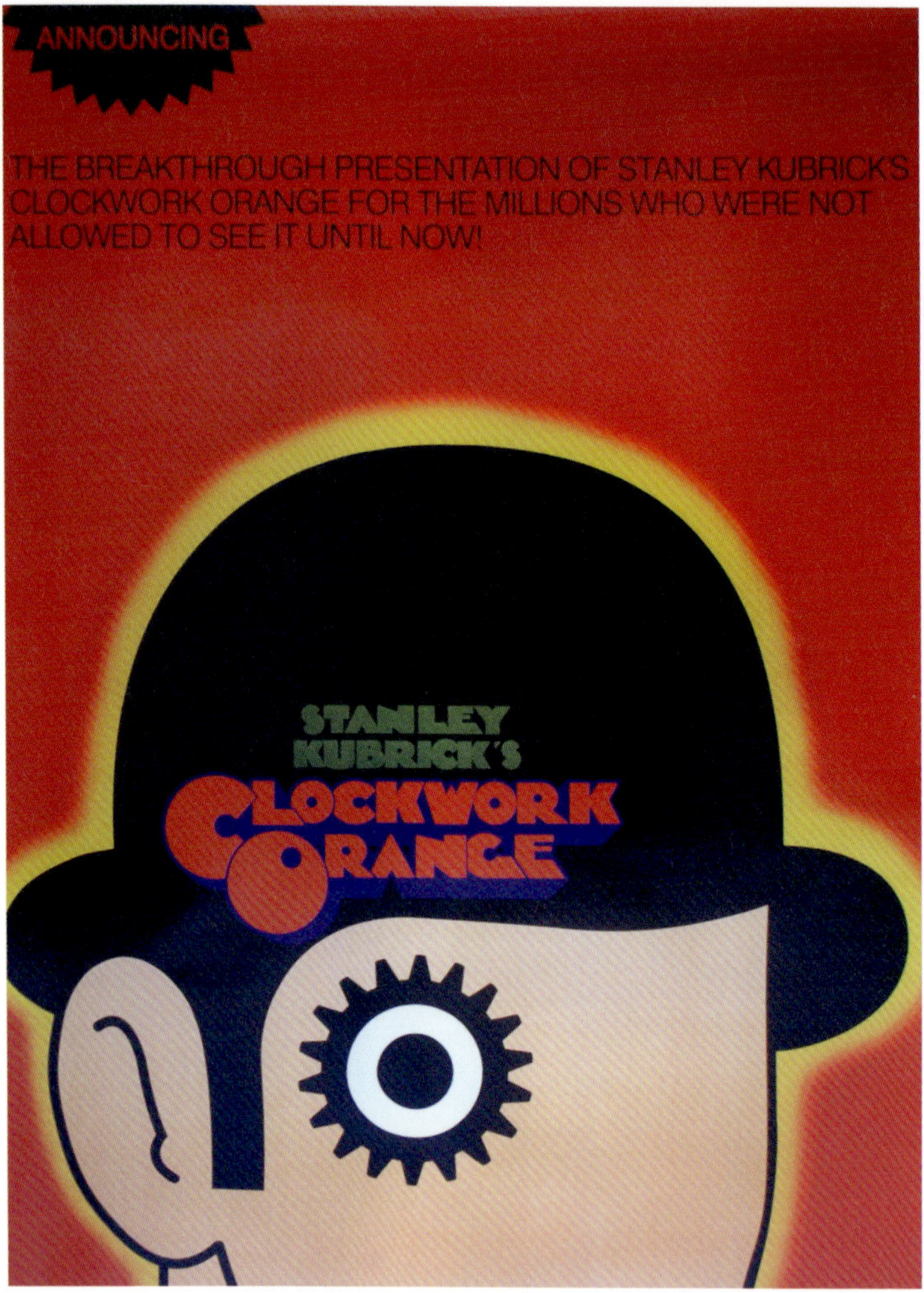

スタンリー・キューブリック監督の映画『時計じかけのオレンジ』（1971年）のポスター。

の下枠に置いてもらった。こうしてオレンジの点からなる抽象的なパターンを描くことは、「日常を奇妙なものにする」面白い偶然の芸術だった。

英語を話す国々では、『オレンジとレモン』という童謡を知らずに育つ子はほとんどいない。この童謡は、地中海から柑橘類を積んだ船がテムズ川の埠頭に着くと、イーストチープのセント・クレメント教会が鐘を鳴らして知らせた時代の思い出を歌っている。最近、この童謡にヒントを得たイギリスの作曲家ベンジャミン・ティルが、この歌に歌われているすべての教会のすべての鐘が登場するミュージカル作品を作曲した。イタリアのおとぎ話には『三つのオレンジへの恋』、または『三つのシトロン』とも呼ばれる物語がある。この物語を題材に、寓話劇のほか、セルゲイ・プロコフィエフ［ロシアの作曲家。1891〜1953］によるオペラが生まれた。

私の知る限り、オレンジを題材にしたもっとも強烈な作品は、アメリカの詩人ジュディス・ペヒトによる刺激的な詩『S&Mマーマレードのレシピ』である。[18] この詩は柑橘類の中でもっとも魅惑的なブラッドオレンジを題材に、食べ物とセックス、そして暴力を歌っている。

ウォルター・クレイン（1845～1915）の挿絵つき「オレンジとレモン」の楽譜。クレインはイギリスの芸術家で、アーツ・アンド・クラフツ運動に参加し、児童書の挿絵画家としても革新的な作品を残した。

第8章 ◉ 芸術、デザイン、文化

◉さまざまなシンボルとしてのオレンジ

ロンドンのキングズ・ロードに面した店のショーウィンドウに飾られた男性用の下着のパンツを、私はしげしげと眺めた。派手なオレンジがプリントされたその下着の前開きの部分には、「オリジナル・ラブ・ジュース」というロゴが書かれていた。

下品なロゴには違いないが、この言葉には歴史の裏づけがある。ヘスペリデスの黄金のリンゴは、今日ではマルメロ〔果実酒やジャムに利用される果皮が明るい黄色の果実〕か、もっと信憑性の高い説ではシトロンだと考えられており、ギリシャでは伝統的に愛のシンボルとして扱われてきた。ヘスペリデスは、大地の女神ガイアがゼウスとヘラの結婚を祝って贈った黄金のリンゴの木を世話する女神である。ゼウスとヘラの婚礼の先触れとして、神々しいほどの夕日が輝いたと言われている。

サー・エドワード・コーリー・バーン＝ジョーンズ『ヘスペリデスの園』1882年。木板に白色顔料を塗った下地の上にテンペラと金箔。

ヨーロッパではクリスマスにオレンジやタンジェリンを靴下のつま先に詰めて贈る習慣がある。不死を得られるという黄金のリンゴが実はオレンジであるならば、クリスマスにオレンジを贈るこの習慣は、冬の終わりと春の訪れを願う気持の表れであり、ギリシャ神話の豊穣の女神デメテルとペルセポネの物語［娘のペルセポネを冥界の神ハデスに誘拐されたデメテルが嘆きのあまり引きこもったので、地上に作物が実らなくなった。ペルセポネが1年のうち8か月は地上で暮らせるようになると、再び春が訪れた］に由来する、復活と豊穣を祈る儀式と考えられるだろう。

オレンジは今や神々や君主だけのものではなくなったが、真っ白な花と金色の果実を同時につける不思議な性質のために、オレンジの栽培はしばしば魔法や神の力と結びつけられてきた。

フランドル地方［ベルギー西部、オランダ南部、フランス北部にまたがる地域］に伝わる伝説に、若い王子が輝く太陽と深い緑の森の国に出かけて、魔法のオレンジに閉じ込められた花嫁を探し出すという物語がある。(1) 17世紀フランスの物語『ハチとオレンジ』は大人向けのおとぎ話で、暴力と社会に対するあけすけな皮肉に満ち、ハチ（実は王女）に思いを寄せられた主人公の王子は1本の木に姿を変えてしまう。ドイツの作曲家リヒャルト・ワグナーは楽劇『ラインの黄金』（1869年）の中で、黄金のリンゴの木に独自のライトモティーフ［特定の人物や状況と結びつけられ繰り返し使われる旋律］を与えている。オレンジの果実の色は血や生命力の性質と結びつけられた。ジョヴァンニ・バティスタ・フェラーリは1646年に、「不死をもたらす黄金の果実に囲まれた黄金の日々よ、永遠に続け」と書いている。フェラーリの散文詩『ヘスペリデス』は、まるで愛の手紙だ。

なぜなら春の間ずっとかぐわしい香りを漂わせるこの花が、人に命を吹き込むからだ。その小さな白い頬がほころんで春の笑顔に変わり、人を楽しませるからだ。美しいと同時に有用であるということが、何よりも好ましいのだ[2]。

◉信仰と迷信

一方、柑橘類は病と死をめぐるさまざまな風習にも関わりを持っている。たとえば13世紀のザイン伯爵ハインリヒは、復活と永遠の生命の希望を象徴する柑橘類の果実を手にした姿で墓石に刻まれている。

ローマのサント・サビーヌ修道院には、13世紀に聖ドミニコによって植樹されたと伝えられるサワーオレンジの木がある（現在の木は1939年に接ぎ木によって育てられた）。昔は修道尼がその実を小さいうちに摘み取って、乾燥させてロザリオ［珠をつないで輪にし、十字架をつけた祈りの道具］を作って教皇や枢機卿に贈るという微笑ましい習わしがあった。

しかし、信仰は迷信に変わりやすい。オレンジも例外ではなく、特に女性についての迷信は多かった。ある社会では、女性がオレンジの木に近づくと木に悪い影響が及ぶと信じられていた。セビリヤ生まれのイスラム教徒の農学者イブン・アルアッワームは、12世紀末に農業に関する包括的な手引書［『農書』］をまとめたが、その中には現代の私たちが首をかしげるような記述もある。

女性は完全に純潔で、健康でない限り、柑橘類の木に近づいてはならない。月経中の女性が触れると、その木は衰え、葉が散り、果実が落ちてしまう。

さらにこんなことも言っている。「女性がオレンジやシトロン、あるいはレモンを食べると、その心からあらゆる罪深い考えが消えてしまう(3)」。実にすばらしい宣伝文句ではないか！

また、オレンジは富と特権の象徴であり、権力の印でもあったので、身分の高い人物に贈るのにふさわしかった。ヴェネツィアではキリスト昇天祭の日に、総督が宴会を開いて地元の漁師をもてなす風習があった。その返礼として、彼らは総督にオレンジ、マスカットワイン、金箔を張った麦わら帽子を贈った。

オレンジを摘むサンタクロース。フロリダ州サラソタ、1965年。

3つの贈り物を総督に贈る習わしは、ヴェネツィアの南に浮かぶリド島のフェスタ・デル・マリー［マリアたちの祭り］に受け継がれている。これは、その昔海賊にさらわれた12人の花嫁を無事に取り返したことを記念して開かれる祭りだ。フランスの作家・政治家のシャトーブリアンは、1833年にリド島を訪れたときの経験を記録している。華やかな祭りを楽しみにしていた彼は、そこで見た光景にひどくがっかりさせられた。「武骨なオーストリア人兵士が、長めの軍服とごつい長靴で、手を取り合ってワルツを踊っている。パイプとパイプ、口ひげと口ひげをくっつけながら。私はあきれてゴンドラに飛び乗り、ヴェネツィアに戻った」(4)

18世紀にはオレンジとオレンジフラワーウォーターが大流行した。その人気ぶりはドライトマトがやたらにもてはやされた時期にそっくりで［ドライトマトは1980年代から90年代にかけてアメリカで盛んに料理に使われた］、流行に敏感な人々が争って買い求めた。イギリスの劇作家エリザ・ヘイウッドは『戦時の女々しさへの批判 *Effeminacy in the Army Censured*』（1745年）と題したエッセーの中で、好みの日用品が戦争のせいで手に入らないことを嘆くロンドン紳士たちに辛辣な意見を述べている。

フランス仕立ての服でなければ我慢できない紳士が、腕の悪いイギリス人の仕立屋のせいでみっともない格好にされたと不平を言う。嫌な匂いに耐えかねて、新鮮なオレンジやベルガモットを欲しがる人もいる。スペイン戦争も、前大臣をその戦争に踏み切らせた連中も、まったくいまいましい、という人もいる。近頃は質のいい朱色の顔料［朱色の顔料は口紅の原料で、スペイン産の鉱物から作られる］がなくて困るよ、というわけだ！(5)

また、同じエッセーで、ヘイウッドはある陸軍士官が受け取った請求書の内容を公開している。その項目の中でとりわけ目を引くのは、そばかすを消すための夜用マスク、眉を整えるための銀製のくし、そして6本のオレンジフラワーウォーターだ。

◉祝祭

明るく輝く柑橘類は、誰が見ても冬の終わりを祝う祭りにふさわしい。ベルギーの都市バンシュでは、今も灰の水曜日［復活祭の46日前］の前日にカーニバルが開かれ、仮装した「ジル」（きらびやかなインカ帝国の衣装をつけている）と呼ばれる道化師が籠からオレンジを配ってくれる。

15～16世紀のドイツでは、毎年いくつかの町でアーチェリー祭りが開催された。トルコウスキーによれば、ブレスラウ［現在はポーランドの都市ヴロツワフ］ではこの祭りはオレンジシューティング［頭に載せたオレンジを弓の名手が射る］と呼ばれた。勝者は賞品としてオレンジ1個と広口の大きなコップ1杯のワイン、そしてバラの花冠を載せたピューター［錫と鉛の合金］製の大皿を与えられた（敗者は白チーズとイラクサの冠を載せた木の板で我慢しなければならなかった）。トルコウスキーは、ウィリアム・テルが息子の頭に載せたリンゴを射たという話も、実はオレンジだった可能性があるという説得力のある説を述べている。[6]

祭りでオレンジをもらったり、投げたりぶつけたりするのが面白いのは理解できるものの、若者たちのはめの外し方はあまりにもひどいと苦言を呈したのが当時の道徳家たちだ。１５５４年、ルター派の宗教改革者ヨハネス・マテジウスは「最近のドイツ娘」についてこのように批判している。

遊びに夢中で、自由に使えるお金のある娘。恋文を書き、恥ずかしげもなくバルコニーからオレンジを投げ、深夜まで窓辺に立っている。[7]

トリノの北のイヴレアには、もっと激しくオレンジをぶつけ合うカーニバルがある。毎年一回この町では数日間の華やかな祭りが開かれ、独裁領主に対して起こした昔の反乱を寓意的に表したオレンジ合戦を開催する。矢や石の代わりに果汁たっぷりのオレンジが投げられ、道路はつぶれたオレンジでべたべたになる。はじめは豆を投げていたが、それがリンゴに変わり、19世紀になると果肉や果汁を血に見立てて、オレンジが首をはねられた公爵の頭を表すようになった。

オレンジと祭りの結びつきは意外でも何でもない。何か果物が祭りに登場するとしたら、柑橘類の映えある代表として、鮮やかな色合いと豊かな果汁を持つオレンジの右に出るものはないだろう。

フランス南東部の町マントンのオレンジ祭りは、オレンジとレモンで作った大がかりな模型や山車《だし》が出ることで知られている。ルイジアナ州のプラケマインでは、オレンジフェスティバルでパイの早食いやオレンジの皮むきコンテスト、そしてオレンジ転がし競争が実施される。シチリアのフランコフォンテでは、見事なタロッコ種のブラッドオレンジの収穫を祝うために、毎年ケーキやビスケット、ジャム、アイスクリームがふるまわれる。

フロリダのレイクポートのサワーオレンジフェスティバルでは、訪れた人々はサワーオレンジのパイやオレンジソースのバーベキューに舌鼓を打つ。プロヴァンスのル・バール＝シュル＝ルーにもビターオレンジフェスティバルがあり、地元で栽培されるビガラードという品種の収穫を祝って、オレンジワインのコンテストが開かれる。タヒチ島、キプロス島、マヨルカ島、チュニジア、プエルトリコにもオレンジフェスティバルがある。チリの都市ビージャ・アレグレのオレンジ歌祭りでは、銀製のオレンジが賞品として与えられる。

カリフォルニア州リバーサイドのナショナル・オレンジ・ショーで一番人気のある催しのひとつは子豚のレースだ（負けた子豚がオレンジを口に詰めた昔風の丸焼きになる運命でなければいいが［オレンジを詰めるのは子豚の口が閉じないようにするため］）。オーストラリアのビンガラ・オレンジフェスティバルでは、地元の子供たちが二度の世界大戦の戦没者を記念するために植えられた果樹からオレンジを摘みとり、彼らの冥福を祈るという感動的な行事を行なっている。フランスのバニュルスではタルトやジュース、ジャムやパイが食べられるのはもちろん、「オレンジストレス騎士団」

という堂々たる名前の騎士団への入団式もある。

●絵画の中のオレンジ

２０１１年にニュルンベルクのゲルマン国立博物館で「芸術と文化の中の柑橘類」展が開催され、展覧会を代表する絵としてフランスの画家ピエール＝ニコラス・シコー＝ルグラン・ド・セランによる『オレンジ売り』が選ばれた。完熟したオレンジ、露わな胸、そして刺激的な誘惑を描いたこの絵は、18世紀末における五感の寓意である。

この象徴的な表現はやや押しつけがましい印象があるものの、作品は美しさと異国趣味に加えて、豊穣と純潔を同時に表している。このテーマは目新しいものではない。この絵より数世紀前に、ボッティチェリは帆立貝に乗ったヴィーナスがオレンジの生える岸辺に向かう姿を描いている。

芸術の歴史の中で、オレンジの木は単に美しさだけではなく、何層にも重なった深い意味を託されている。イタリア・ルネサンスの宗教画の背景がより写実的で自然に近づくにつれ、オレンジはますます頻繁に描かれるようになった。聖地を訪れた経験のない当時の画家たちは、イタリア風の背景の中に受胎告知や復活を描き、トスカーナ地方の風景に柑橘類を加えることでパレスチナの風景に変化させたのである。

柑橘類は福音書の物語を描いた何千枚という絵の中に見ることができる。大きな鉢に植えられて屋内に置かれているときもあれば、建物の陰に植えられているときもある。生垣を作ったり、背景に描かれたり、楽園の中でたわわに実をつけていたりもする。ドウッチョ・ディ・ブオニンセーニャ［1255〜1319頃］は、ゲッセマネの園［キリストが十字架にかけられる前に祈りをささげたオリーブの果樹園］に柑橘類を描き、フラ・アンジェリコ［1390頃〜1445］はオレンジの木の下で休息するキリストを描いた。

サーノ・ディ・ピエトロ［1406〜1481］の『エジプトへの逃避』（1450〜1455）では、生まれたばかりのイエスを抱いたマリアとヨセフが伝説のオレンジの木の側を通りかかる場面が描かれている。作家のジョン・マクフィーが簡潔に指摘するように、「巨匠と呼ばれる画家が『エジプトへの逃避』を描くとき、道端にオレンジの木を描かないということはほとんど考えられない」[8]。柑橘類は数々の『最後の晩餐』にも登場する。レオナルド・ダヴィンチの有名な『最後の晩餐』が修復されると、食卓にウナギとオレンジの料理が載っていたことが明らかになった。魚とオレンジの組み合わせは、当時の一般的な料理である。

オレンジの木は花と実を同時につける性質があるので、聖母の象徴にもなった。処女でありながら母でもあるという聖母の二重の役割は、ガウデンツィオ・フェッラーリの『オレンジの聖母』（1529〜30）、ヨース・ファン・クレーフェの『聖家族』（1512〜1513頃）、チーマ・ダ・コネリアーノの『オレンジの聖母』（1495年頃）などの絵画に表現されている。

17世紀にスペインとオランダで流行した静物画において、頻繁に描かれたオレンジは宗教的情熱

チーマ・ダ・コネリアーノ『オレンジの聖母』1495年頃。木板にテンペラと油彩。

フランシスコ・デ・スルバラン『レモン、オレンジ、バラのある静物』1633年。キャンバスに油彩。

ルイス・メレンデス『オレンジとクルミのある静物』1772年。キャンバスに油彩。

や富、そして自然美の象徴だった。スペインではフランシスコ・デ・スルバランが劇的な光と影の使い方でオレンジを描き、ルイス・メレンデス［18世紀スペイン最高の静物画家］は幾何学的構造と写実的正確さを取り入れた。また、バルトロメ・エステバン・ムリーリョ［17世紀スペイン絵画の黄金期を代表する画家］にとって、この果物は庶民の生活の象徴だった。

美しい果物が並ぶ北部ヨーロッパの市場の光景は、新しい世界の秩序、繁栄、そして商業の勝利を表していた。オランダの静物画には、腐敗や衰えを感じさせるものがほとんど見あたらない。全体の雰囲気は上品で高尚であり、裕福なブルジョワ階級の家庭に飾られるのにふさわしい絵である。ヤン・ファン・エイクの『アルノルフィーニ夫妻の肖像』（１４３４年）では、窓辺にオレンジがほんの少し見えるだけだが、このオレンジはそこに描かれた男性が身分と地位のある人物であることを示すために置かれている。

すでに述べたように［第6章参照］、らせん状にむかれた果皮は、現代のバーテンダーがカクテルを作るわざを思い出させるかもしれない。しかし、これには別の暗示的な意味が込められている。ひとつの解釈は、人生という旅の寓意というものだ。旅の間に、外側を覆う物質的なものがそぎ落とされて、果肉、すなわち霊的な本質にたどり着くという意味である。

柑橘類は地位の象徴であり、高いお金を払って輸入するか、高価な温室で大切に育てるか、どちらにしても財力を誇示するために所有されていた。ルーベンス［17世紀のバロック期を代表する画家。１５７７〜１６４０］による『庭園のルーベンスとエレーヌ』（１６３０年）には、画家とその妻

ヤン・ファン・エイク『アルノルフィーニ夫妻の肖像』1434年。オーク板に油彩。15世紀のオランダではオレンジを育てたり買ったりできるのは富裕層に限られた。

ポール・セザンヌ『林檎とオレンジのある静物』1899年頃。キャンバスに油彩。色や濃淡の微妙な変化はもちろん、形状や輪郭に対するセザンヌの関心が表れている。

が所有する4本の鉢植えのオレンジの若木が、チューリップ園の周囲に誇らしげに描かれている。

オランダ王室オラニエ＝ナッサウ家の血筋は、ときには小さな木によって表現された。もっと遠まわしにオレンジを用いた絵もある。ヤン・ステーンの『オレンジ公の日』（1665年頃）では1個のオレンジがわざと床に置かれ、まだ若いオラニエ公ウィレム3世［名誉革命によりイギリス国王ウィリアム3世として即位］に対する国内の支持が二分された状態をほのめかしている。

植物と芸術への関心は足並みをそろえて進んだ。17世紀フィレンツェの画家バルトロメオ・ビンビは、メディチ家の依頼で植物の目録のために柑橘類を描いた。

また、ヴィンセンツォ・レオナルディはフェラーリによる柑橘類の百科事典『ヘスペリデスの園』の挿絵のために革新的なデッサンを描いた。フェラーリの『ヘスペリデスの園』より少し後に、『ニュルンベルク・ヘスペリデス *Nuremberg Hesperides*』が作成された。第1巻ではドイツのバイエルン地方の豪壮な館を背景に、第2巻ではイタリアのヴェネト、そして近年発見された第3巻ではボローニャの町並みを背景にして、美しい柑橘類の果実が描かれている。この作品は、植物学の文献を科学と洗練された芸術形式の両方の面で大きく前進させる契機となった。

オレンジは絵画に表情や雰囲気を与え、官能性を表現するため、あるいは社会批評や装飾、神話や文化的な意味を連想させるためなど、いろいろな目的で描かれた。しかし、近代の数多くの画家の中でも、とりわけマティスにとってオレンジは単なる食べ物や象徴を超えたものだった。それは強烈な色彩と喜びを持った球体である。マティスにとってオレンジはオレンジそのものだった。美術評論家のエイドリアン・サールによれば、「年に1度、マティスはピカソにオレンジを1箱送った。ピカソはそれを食べないで、マティスのオレンジとして眺めるためだけに飾っておいた[9]」

●デザインの中のオレンジ

絵画以外にも柑橘類は装飾品として重要な題材になった。ルネサンスの初期から、陶磁器やガラスで作られた柑橘類が祝宴の食卓を飾った。17世紀には、ドイツのアウグスブルクやニュルンベルクなどで庭園の風景を彫った銀製の台付き果物皿が作られて評判になった。柑橘類は窓のステンドグラスや壁面のフレスコ画、彫刻などにも登場した。イギリスで柑橘類栽培が貴族の最先端の趣味として流行すると、レース細工や刺繍、タペストリーなどの模様にもなった。

柑橘類の木から発想を得て見事な飾り物も作られた。フランス王妃マリー・ド・メディシスが所有していた精巧な宝石箱は金とリモージュ製のエナメルで作られ、大きな銀製のオレンジの木が取手としてついていたと言われている。(10) 1911年にロシアの宝石商ファベルジュが皇帝一家のために製作したイースターエッグは、小さな月桂樹の木を象《かたど》り、オレンジの花と実が飾られていた。そして金と宝石で細工され、中から歌う鳥が現れる仕掛けになっていた。それからおよそ百年後、デラウェア州ウィルミントンのデュポン・ホテルは、このイースターエッグを砂糖とチョコレート、金箔と銀粉を用いて再現した。

オレンジは現代の商業芸術やグラフィックデザインにも影響を与えている。というよりお互いに影響し合っていると言ったほうがいいかもしれない。20世紀初頭のカリフォルニアとフロリダで使われたオレンジ用の木箱ラベル［オレンジと人物や風景が描かれたイラスト］は、非常にクリエイティブで思わず目を引きつけられるだけでなく、アメリカ独特の文化を示すすばらしい作品になっている。

1953年、イラストレーターのベルナール・ヴューモが、真っ青な背景にパラソルのような形をしたオレンジの皮を描いて、柑橘系炭酸飲料オランジーナの初の広告ポスターを制作した。

ヴューモのデザインは大胆で強烈な印象を与え、機知に富み、明確なメッセージを瞬時に伝えた。

スペインのバレンシア近郊にある魅力的なオレンジ博物館には、5000枚以上のオレンジの木箱ラベルのほか、数百枚の絵入り包み紙［柑橘類を保護するために包む薄い紙］やポスターが集められている。また、オレンジをテーマにした現代写真のコンテストも数年来開かれている。

世界はオレンジに満ちている。オレンジは私たちに喜びと楽しみを与えてくれる。そしてもちろん、健康も。

第9章◉健康と料理

◉オレンジと健康

アメリカの作家・評論家のメアリー・マッカーシーは、カトリック教徒の家庭で育った子供時代に、気の毒にも毎朝ひまし油［強い匂いと不快な味がある植物油］入りのオレンジジュースを飲まなければならなかった。そのジュースは、「『顔色が悪いわ』というちょっとした前置きとともに……差し出された[1]」

予防と治療のふたつの面で柑橘類が健康促進に果たす役割は、必ずしも十分に理解されていたわけではないとしても、昔から効果は認められていた。果汁と果皮は解毒剤として用いられた（宴会にあると安心だった）。12世紀のイスラム教徒の文筆家は、果皮の粉末が急な腹痛や虫下しに効くと書いている。

18世紀イギリスの文学者サミュエル・ジョンソンは、グラス1杯の温めたポートワインに果皮の乾燥粉末を入れて飲むと消化不良が治ると固く信じていた。中世イタリアで書かれた色鮮やかな図版がついた『健康全書 *Tacuinum Sanitatis*』は、アラビア語の論文に基づいてまとめられた健康と健全な生活に関する手引書で、熟したオレンジの果皮の砂糖漬けが胃によいと勧めている。ただし、消化しにくいので良質なワインとともに服用するように促している。(2)

ルネサンス期に、イタリアの医師はオレンジの香りが疫病を防ぐと考えた。15世紀のフィレンツェの学者マルシリオ・フィチーノは「芳香を放つ」柑橘類やリンゴを持ち歩くように勧め、貴族の家庭の厨房責任者だったドメニコ・ローモリは1570年に出版した本の中で、「疫病の際にレモンやシトロン、オレンジの香りを嗅ぐのは健康によい」と書いている。(3) ほぼ同じ理由で、セビリヤオレンジをくり抜いて、酢に浸したスポンジを詰めたポマンダー［匂い玉］をウルジー枢機卿はつねに携帯していた。(4) エリザベス朝とジェームズ1世の治世には、ポマンダーは精巧な装飾品のひとつになり、貴金属や宝石で作られた。

壊血病《かいけつびょう》はビタミンCの不足が原因で発病する。アラビア人とポルトガル人の航海者は、その因果関係をある程度認識していたようだ。ポルトガル人は彼らの新しい貿易ルートに沿って、マデイラ島、アゾレス諸島、西アフリカ、セントヘレナ島に柑橘類を植えたが、18世紀には柑橘類が壊血病の予防に役立つという知識はほとんど失われてしまったらしい。その結果、特にイギリス海軍は壊血病にひどく苦しんだ。1747年、ようやくスコットランドの医師が実験によって壊血病と柑橘類の関係を明らかにした。柑橘類の治療効果を試すために実施されたこの実験は、おそらく史上初の臨床実験である。

慢性消化不良を改善するため、フランス革命の指導者ロベスピエールはオレンジをむさぼるように食べた。食卓にオレンジの「ピラミッド」を築き、「並はずれた食欲」でがつがつと平らげたという。同時代の革命派の政治家ルイ・フレロンはこのように書いている。

ロベスピエールの面前でこの神聖な果物に手を伸ばす勇気のあるものは誰もいなかった。酸味が彼の胆汁質気質［人間の性質を4つの体液で分類する考え方で、胆汁質は怒りっぽく攻撃的な気質］に影響し、胆汁の循環を促しているのは疑いない。ロベスピエールがいるテーブルはすぐにわかる。うずたかく積まれたオレンジの皮が皿を覆っているからだ。オレンジを食べている間は、気難しい彼の表情は和らぐのだった。(5)

恐怖政治と柑橘類の間には何らかの関係があるのかと邪推したくなる。というのも、弾圧と虐殺で悪名高いウガンダの独裁者イディ・アミンも、晩年には果物しか食べない果食主義者になり、特にオレンジが好きで「ドクター・ジャッファ」［イスラエル産のオレンジの品種ジャッファオレンジから］というあだ名をつけられていたからだ。

◉ビタミンC

最近では、オレンジジュースと健康は切っても切れない関係である。スワニーと言えばディキシー[スワニー川はフロリダ州ディキシー郡にある川]、ビルと言えばヒラリーであるように、健康と言えばオレンジジュースなのだ。オレンジジュースを見ると、反射的に健康によいあれやこれや、特にビタミンCを連想するのは、ひとつにはこれまでの優秀な宣伝の賜物である。

ピエール・ラスローが、どの柑橘類も「たいそうな薬物類を豊富に含んでいる」[『柑橘類《シトラス》の文化誌』寺町朋子訳、一灯社]と言うように、柑橘類はひとつひとつが有益な成分の宝庫である。[6] カシス[よくジャムにする黒くて甘い実]やキウイには負けるとはいえ、実際にオレンジにはたくさんのビタミンCが含まれている。有機栽培のオレンジは、従来の方法で生産されたオレンジに比べて大きさの点ではかなり劣るが、含まれるビタミンCは30パーセントも多い。[7] ブラッドオレンジも普通のスイートオレンジに比べれば、ビタミンCと抗酸化物質の含有量がかなり多い。[8] ただし、オレンジの果汁を絞って低温殺菌すると、抗酸化物質は急速に失われてしまう。

しかし、ジュースは丸ごとの果物の一部にすぎないので、ビタミンや繊維質という点では最大の健康効果を得る最善の方法ではないかもしれない。西欧で暮らす人々の大半がそうであるように、あなたがすでに糖分の多い食生活をしているなら、オレンジジュースは期待するほど有益ではない可能性がある。そのうえ、ハーバード公衆衛生大学院は、果汁100パーセントのジュースには

オレンジと搾りたてのジュース。一番いいのは果実そのものを食べることだが、搾ったばかりの新鮮なジュースを飲むのは、その次によい方法である。

ある程度ビタミンが含まれているとしても、「同じ重さで比較すれば、〔加工されたジュースには〕炭酸飲料と同程度の糖分とカロリーがある」(9)と指摘した。

本来なら果物は丸ごと食べるべきで、丸ごとのオレンジはジュースより多くの栄養分、特に繊維質を摂取できる。ハーバード公衆衛生大学院は、一日を快適に始める方法として果汁100パーセントのジュースを毎朝小さなコップに1杯(およそ120ミリリットル)飲む程度ならいいが、それ以上は水分と一緒に高いカロリーを摂取しているだけだと警告する。また、米国小児科学会(AAP)は、6歳以下の児童は果汁100パーセントのジュースを1日1杯にとどめるべきで、ジュースを飲みすぎると栄養不良、肥満、虫歯を招きやすいと発表した。もちろん、大きな子供たちがジュースをいくら飲んでもいいというわけではない(10)。明らかになったことをまとめてみよう。自分で搾ったジュースは、工業的に加工されたパック入りや瓶入りのどんなジュースと比べても健康的だ。しかし、もっといいのはオレンジを食べることである。

●オレンジの料理

アラブ人は柑橘類を生のまま食べるか、丸ごと、あるいは果皮を砂糖漬けにして保存し、甘くして食べた。レモンと違って、オレンジはマリネの漬け汁にするには向いていない。しかし、西欧で柑橘類が初めて使われたのは味つけや飾りつけのためだった。12世紀のシチリア人ウーゴ・ファルカンドは、「オレンジは、果汁は酸っぱいが、見た目が美しいので、どんな使い方をするよりも眺めて楽しむのがよい」[11]と書いている。

十字軍遠征が始まる前、ヨーロッパ北部では酸っぱい果実や葉、酢やベルジュース［未熟なブドウや酸味のある果実を搾った非常に酸っぱい果汁］は酸味づけや脱脂剤として利用されていた。おそらく聖地に出かけた兵士や巡礼者、商人が、寒冷な地方の塩漬け食品に柑橘類を合わせると味が格段によくなるのを発見したのだろう。柑橘類の香りは中世の多くの城のむっとした不衛生な空気をさわやかにする役割もおそらくしただろう。オレンジが料理の味つけに使われはじめたのはレモンより後だったとしても、魚とよく合う風味はたちまち重宝されるようになった。

ルネサンス期の料理人は、あらゆる貴重な食材を扱うのと同じように、オレンジの果実や果皮、果汁をこれみよがしに使った。14世紀にラグニー修道院長がパリ司教をもてなした晩餐には、サワーオレンジと粉砂糖とともにローストした魚が出された。イギリスのフードライターのジリアン・ライリーは、オレンジは料理と同じようにルネサンス期の芸術にも重要な役割を果たしたと考え、「宴会であれ祭壇画であれ、ルネサンス期の国際人の多面性に陽気さと輝きというアクセント」を与えたと述べている。[12]

1457年にフォア伯爵が催した宴会で、フライドオレンジを添えた子ウサギパイを食べたという記録がある。また、1546年にヴェネツィアではオレンジ果汁で味つけしたニシンに詰め物をしたオレンジを添えたひと皿が出された。[13]バルトロメオ・プラティナは『高潔な喜びと健康

De honesta voluptate et valetudine』（１４７４年）［世界初の印刷された料理書］という著書の中で、その時代のイタリアの特産品リストの上位にナポリ産のオレンジを挙げている。(14) ドイツで初めて書かれたビターオレンジを使ったレシピは１４８５年のもので、ビターオレンジは「イタリア産の酸味の強い小さなリンゴ」と表現され、ワインとシナモンとともに煮て、家禽《かきん》［鶏やアヒルなど］や猟鳥《りょうちょう》に合わせるソースの作り方が書かれている。(15) ヤマウズラなどの猟鳥とオレンジの組み合わせは人気の料理となり、１５９４年の政治パンフレットに、「イエズス会のないスペインはオレンジのない猟鳥のようなものだ(16)」という含蓄のある批判が書かれたほどだった。

有名なルネサンス期の料理人バルトロメオ・スカッピは、この時代を代表する料理書『オペラ *Opera*』（１５７０年）の中でさまざまな魚料理を紹介している。たとえば油で揚げた魚にビターオレンジのソースをかけて温かいうちに食べる料理がある。(17) また、スカッピはビターオレンジとマルメロを使った面白い前菜も提案している。

16世紀初めまでに、柑橘類はイギリス料理のレパートリーの一部として定着した。魚の日［カトリック教徒が肉を避けて魚を食べる金曜日］には焼いたオレンジやオレンジの衣揚げが食卓に上り、１５２２年にはイギリスのミッドランズ地方の地主、ヘンリー・ウィロビーがロンドン滞在中に８ペンスで１００個のオレンジを買っている。(18) エリザベス朝では祝日にカワカマスをワインとオレンジ、デーツ、スパイスなどと一緒に煮た。イギリスの食物史家Ｃ・アン・ウィルソンは、「料理されたカワカマスはまずていねいに骨から身を外し、食卓に出す前に元のように形を整えて、頭を上向きに置いて口にオレンジを1個詰めた」と書いている。[19]

1529年、フェラーラ公エルコレ2世・デステ（天才料理人として有名なクリストフォロ・ダ・メッシスブーゴを料理長として召し抱えていた）が開いた晩餐では、揚げたマスのレモン添え、ローストしたキジに「カットした」オレンジを添えたもの、そしてシトロンの薄切りを添えたミックスサラダが出された。同じ年、ミラノ枢機卿イッポリト・デステは、エルコレ2世の晩餐をはるかにしのぐ16品のコース料理を出し、皿数は食後のデザートやフルーツを除いて数百皿に及んだ。客の名前のイニシャルと紋章の形に切ったシトロンを添えたハーブのサラダ、オレンジとともに炒めたキャビアに砂糖とシナモンを振ったもの、揚げたサーディン［イワシの一種］のオレンジ添え、オレンジとコショウを添えた1000個のカキ、ロブスターの尾の身とシトロンのサラダ、チョウザメのオレンジゼリー寄せ、オレンジとともに炒めた小鳥、砂糖とシナモンを振ったオレンジの衣揚げなど……柑橘類料理が際限なく続いた。[20]

もっと質素な家庭料理でも、柑橘類の果汁を魚だけでなく鶏肉や仔牛肉とともに使う料理が増え、肉のシチューの風味を上げるために果実が丸ごと使われた。柑橘類の苦味を和らげるために肉や魚料理に砂糖やハチミツが加えられ、柑橘類の薄切りが彩《いろど》りとして飾られた。アン・ウィルソンによれば、15世紀にはビターオレンジの果汁が妊婦に好まれた。[21] またウィルソンは、1505年のウォーラム枢機卿の就任式の祝宴に焼いたオレンジが出されたとも述べている（しかし祝宴の2日目に出されたオレンジの衣揚げを味わえたのは貴族だけだった）。

面白いことに、1560年代にイギリスの湖水地方で鉱山業に従事していたドイツ人は、わざわざロンドンからオレンジやアーティチョークを取り寄せていた。[22] もっとも、彼らの舌が地元の住民より肥えていたのかどうか、あるいはこの頃には料理にオレンジを使う習慣が庶民まで広がっていたのかどうかは不明である。

1604年には、エリノア・フェッティプレイス夫人はセビリヤオレンジの果汁とスパイス、赤ワインで作ったグレービーソースを添えたローストマトンのような、優雅な料理のレシピを集めた本をまとめた。興味深く、かつうらやましいことに、17世紀にはセビリヤオレンジの旬の季節は11月から4月まで続いたらしい。そしてこの果物は「ドライフルーツや砂糖漬けにしたり、詰め物をしたり瓶詰にしたり、シロップかゼリーの中に漬けたり、煮て『マーマレード』と呼ばれる甘くて濃いペーストにしたり[23]」して、一年中食べることができた。

それから数年後、サー・ヒュー・プラットは『貴婦人の楽しみ *Delights for Ladies*』（1609年）の中で、賞賛されること間違いなしの「ポルトガル風」オレンジのジャムを紹介している。つやのあるオレンジを丸ごとゆで、煮て裏ごしした果肉や果皮を詰めて、そのままの形で食卓に出し、「固ゆで卵のように切る」。また、砂糖とローズウォーターでオレンジの果皮の砂糖漬けを作る方法も載せている。こうして作られた砂糖漬けのオレンジの果皮は「オランジャード」と呼ばれ、当時はスナックとして流行し、劇場でつまんだり、しゃれた応接間で勧められたりした。

フランスでは柑橘類がソースの材料としてベルジュースに取って代わり、果皮も砂糖漬けにして砂糖菓子にした。チャイナオレンジ［スイートオレンジのこと］が普及しはじめると、それらは塩味の利いた料理につけあわせるには甘すぎると考えられ、果実と香りのよいオレンジフラワーウォーターの両方がプディングやクリーミーな料理、ケーキ、ビスケットに用いられるようになった。14世紀に書かれた『ヴィアンディエ *Le Viandier*』［300年間読み継がれた中世を代表する料理書。題名の意味は「料理人」］は、その後のフランス料理の性質を決定づけた権威ある料理書である。食物史家のバーバラ・ケッチャム・ウィートンはその16世紀版に登場するレシピのうち、卵黄、砂糖、シナモン、オレンジ果汁、ローズウォーターをよく混ぜてとろみをつけた料理について触れ、「味はきわめて甘く」［『味覚の歴史　フランスの食文化―中世から革命まで』辻美樹訳、大修館書店］、シナモンの香りがきついと述べている。(24)

17世紀の料理人ラ・ヴァレンヌによる料理書『フランスの料理人 *La Cuisinier françois*』（1651年）は近代フランス料理の基礎を築いた。ウィートンは、この本で紹介されたハーブとオレンジの果皮を加えた羊肉のシチューのレシピの中で、オレンジの皮は「苦味が出る恐れがあるので、ほんのわずか」（同前）用いると書かれている点に注目し、ここに中世の料理とのきっぱりした決別が示されていると述べている。ウィートンが指摘するとおり、シナモンとコショウをふんだんに使った時代は終わり、新しい料理は節度や微妙な味つけ――しかし、決して風味に欠ける面白みのない料理という意味ではない――を大切にした。(25)

フランスの農学者ニコラス・ド・ボンフォンは、料理書『田舎の楽しみ *Les Délices de la campagne*』

(1662年)の中で、ローストしたクリにオレンジを合わせるよう勧め、「クリの上にオレンジ果汁を注いでソースにし、砂糖を振る」と書いている。また、「オレンジから果汁をたっぷり搾るには、オレンジを叩いてから火の上で少し温めるとよい[26]」といった料理のコツも伝授している。

ジリアン・ライリーが指摘するとおり、18世紀スペインの画家ルイス・メレンデスなどの絵からも、オレンジがつねに台所にあったことがうかがえる。メレンデスの『オレンジとクルミのある静物』(1772年)には、家庭の冬の食料貯蔵庫に「季節初めのオレンジの喜ばしい球体」が描かれている[27]。

ジョナサン・スウィフト[『ガリヴァー旅行記』の著者]が18世紀初頭のロンドンの道端の物売りの呼び声について書いた文章によって、当時の台所でオレンジがどのように使われていたかをうかがい知ることができる。

いらっしゃい。仔牛肉のソースにオレンジをどうぞ。
搾ってブラウン・エール[茶色のビール]に入れればとびきりおいしいよ。
よく焼いて、ワインを注いで砂糖を混ぜれば
おいしいビショップ[温めた赤ワインで作る飲み物]のできあがりだよ。

果皮の味を好む文化もある。南アフリカの劇作家アソル・フガードの戯曲『島 *The Island*』

（1973年）には、オレンジを丸ごと食べるアフリカ人が登場する。マーガレット・フィッセルによれば、この劇がロンドンで上演された初日の夜、観客は裸のシーンには眉ひとつ動かさなかったが、皮をむかずにオレンジを食べる場面になると、驚きに息を飲んだという。[28]

サワーオレンジの果汁は、ラテンアメリカではしばしばマリネに使われる。メキシコでは、サワーオレンジを半分に切って、塩を振ってトウガラシのペーストを塗る。スペインのカディス地方では、魚のスープにセビリヤオレンジが独特の風味を加えている。

ビターオレンジはカモなどの猟鳥とよく合う。フランスの哲学者で作家のジャン＝フランソワ・ルヴェルは、甘味と塩味、肉と果物を組み合わせるのは、中世から17世紀まで一般的な習慣だったと指摘している。[29] しかし、カモとオレンジを組み合わせたレシピがフランスで初めて書かれたのは19世紀になってからで、有名料理人のルイ・ウスターシュ・ユードが「このうえなく繊細な味覚を持つ美食家のための一皿」[30]として、カモのビガラード［セビリヤオレンジ］風味の料理を紹介している。現代のディナーパーティでは、カモのオレンジソースは1960年代と70年代に流行の頂点に達し、レストランのメニューではクレープシュゼット［クレープにカラメルソースとオレンジの果皮と果汁、リキュールをかけて仕上げるデザート］と肩を並べて主役の座に位置している。

オレンジを使った料理は今や定番となったが、この果物は想像力を刺激しつづけている。スペインのアランフェスには、魚のハタにマルドンの塩［イギリスのエセックス州で伝統的な製法で作られる天然塩］と乾燥させたオレンジの果皮で味つけをするシェフがいる。2011年にイギリスの有

ジャン・シメオン・シャルダン『壁に吊るされたマガモとセビリヤオレンジ』1730年頃。

名シェフ、ヘストン・ブルーメンソールは、鶏レバーのパテを不透明なアスピックゼリーに包んで丸く固め、つやつやしたオレンジの果皮と葉で飾って柑橘類のように見せかけた一品でロンドンを魅了した。これがこの10年を代表する料理なのはほぼ間違いないだろう。古代ローマのウィット、中世の深遠さ、ルネサンスの華やかさ、バロックの無節制を兼ね備えたそのひと皿には、オレンジが絶大な効果を発揮している。

第10章◉マーマレード

◉マーマレードの歴史

18世紀のスコットランド出身の作家ジェームズ・ボズウェルは、2月のある喜ばしい朝についてこう書いている。「朝食、太陽の光、マーマレード」。この単純な感情はいつの時代も変わらない。冷たいシャワーが体を目覚めさせるように、マーマレードは寝起きの味覚を目覚めさせる。イギリスでは朝食に欠かせない食べ物として愛され、郷愁と自信、そして深い忠誠心を呼び覚ます。

マーマレードの起源は、果皮や丸ごとの果物をシロップに漬けて保存する古代の技術にある。そうやって作られたシュカードは、中世にはヨーロッパ北部に輸出されたが、ポルトガル産のマルメラーダ［マルメロの砂糖煮］が入った木箱は15世紀末にようやくイギリスにもたらされた。マルメロで作るこの高価な砂糖煮は、ナイフで切るほど固かった。そのうちイギリスの主婦は柑橘類と家庭で育てたマルメロの両方を使ってシロップやペーストを作るようになった。[1]

16世紀には柑橘類の樹木が西インド諸島全体に広がった。1590年にイエズス会士で博物学者のホセ・デ・アコスタは、現地の「オレンジの砂糖漬け」（おそらくビタースイートオレンジで作られたと思われる）は他のどこで食べたものよりおいしかったと記録している。果皮を細く裂いたものは17世紀に用いられるようになり、18世紀には細かく切った果皮をほんの少し入れた透明な「ゼリー」が作られるようになったが、それはたいていまだ濃くて固いものだった。

私たちが知っているマーマレードは、18世紀のスコットランドで激しい嵐を避けてダンディーの港に停泊していた貨物船から、ジェームズ・ケイラーが積み荷のセビリヤオレンジをすべて買い取ったところから始まるというのが定説になっている。買い取ったオレンジが売れなかったので、ケイラーの妻はそれをジャムにした。しかし、この話にはつじつまの合わないところがある。オレンジのジャムはケイラーが1797年に会社を設立する前から知られていたし、種を含まないマーマレード（種に含まれるペクチンはジャムを固くする）のレシピが最初に印刷されたのは1714年のことだからだ。[2]

ただし、スコットランドの料理人たちがすぐにジャムの材料としてマルメロの代わりにセビリヤオレンジを使うようになり、ゆるめのジャムにするために加える水の量を調節し、「チップ」マーマレード［チップは果皮を細かく刻んだもので、チップを加えるのはケイラーの妻のアイデア］を広めたのは確かなようだ。そして重要なのは、彼らがマーマレードを夕食後ではなく朝食に出したことだ。

柑橘類製品の展示。フロリダ州インディアンリバー、1949年。

アン・ウィルソンが述べているとおり、果皮と砂糖は「寒い早朝の胃を温めてくれる[3]」のである。

19世紀末はマーマレードの黄金時代だった。ロバートソン社のファインカット・ゴールデンシュレッドやシルバーシュレッド、フランク・クーパーの粗刻みの果皮が入った「オックスフォード」、チャイヴァー社のオールドイングリッシュといった商業的ブランドが市場を席巻した。市販のマーマレードを買うのは恥ずかしいことでもなんでもなく、愛国者としての自負心からだった。ウィルソンによれば、ウィルキン・アンド・サンズ社のチップトリー・ブランドは、20世紀の幕開けに27種類ものマーマレードを生産していた[4]。

毎年イギリスのカンブリア州で開かれるデールメイン・マーマレード・アウォード・アン

ド・フェスティバルでは、優秀なマーマレードを選ぶ厳しいコンテストが行なわれ、同時にマーマレードに関するあらゆるものを楽しむ一風変わったお祭りが繰り広げられる。面白いことに、家庭でのマーマレード作りは男性の仕事であることが多い。たぶん、寒い時期はバーベキューの代わりにマーマレード作りに精を出すのだろう。

マーマレードはオレンジだけで作るものから、複数の果物を使うものまであり、色も淡い金色から赤褐色までさまざまだ。粗く刻んだ果皮入りのしっかりした口当たりのものもあれば、細く切った果皮が入ったほとんど透き通った液体のようなものもある。ときにはウィスキーやラム、ショウガなどの香辛料で風味づけされる。イギリスではマーマレード風味のウォッカさえも発売されている。ロンドンのスピタルフィールズにある人気レストラン、ホークスムーアのバーでは、マーマレードのカクテルがメニューに載っている。

マーマレードは南極にもエヴェレストにも到達した。ジェームズ・ボンドはフランク・クーパー社のマーマレードで朝食を取るのを常とした。1629年、イギリスの劇作家フィリップ・マッシンジャーは劇中の人物に「マーマレードの唇を持つ」恋人との別れがたい思いを語らせた。それから340年後、ビートルズは歌詞に「マーマレードの空」が出てくる歌を歌った。そして何より、クマのパディントンはマーマレードサンドイッチへのこよなき愛が若々しさの秘訣だといつも口にしている。

これ以上言うのは野暮というものだろう。

謝辞

本書の執筆にあたっては多くの方々にひとかたならぬお世話になった。特にスーザン・ハドルトン、イギリス清涼飲料協会のリチャード・ラミング、ゲルマン国立博物館の学芸員のみなさんにはこの場を借りて感謝申し上げたい。

訳者あとがき

オレンジという言葉を聞けば、輝く黄金の果皮、甘酸っぱい果汁、さわやかな香りを誰もが思い浮かべるに違いない。いまやオレンジはあまりに身近な果物なので、オレンジがどこで誕生し、どのような歴史をたどって世界に広まったのかをあらためて考えることはほとんどないだろう。本書ではそんなオレンジが貴重品として珍重された時代から大衆的な食べ物に変わるまでの歴史、現代のオレンジ栽培とオレンジジュース産業が抱える問題、そして絵画や文学に登場するオレンジなど、この果物が持つ豊かで複雑な世界を多角的に描き出している。

著者のクラリッサ・ハイマンはイギリス在住のフードライターで、本書『オレンジの歴史 *Oranges: A Global History*』はイギリスの Reaktion Books が刊行している The Edible Series の一冊である。さまざまな食べ物や飲み物の歴史や文化を解説した同シリーズは、料理とワインに関する良書を選定するアンドレ・シモン賞の２０１０年度特別賞を受賞している。

オレンジが現在のようにふんだんに食べられる果物になるまでには、壮大な長い旅の歴史があった。オレンジは中国南西部の雲南省とその周辺の中国南部やインド、ミャンマー地方が原産で、イスラム教徒の侵攻とともにイベリア半島に伝わり、コロンブスとスペイン人探検家によって新世界に伝えられた。サンキストオレンジで有名なカリフォルニアにオレンジが到達したのは、18世紀に入ってからだった。

昔のヨーロッパでは、オレンジは栽培に手間とお金をかけられる王侯貴族や富豪だけが持てる富の象徴だった。また、詩や絵画ではオレンジの木の白い花は純潔を、実は豊穣と多産を意味し、オレンジは処女であり母でもある聖母マリアの象徴として宗教画にも盛んに描かれた。寒冷な土地でオレンジを栽培するために国王が建設したオレンジ栽培温室の豪華さや、絵画に繰り返し描かれたオレンジを見ると、この果物がヨーロッパの文化に与えた影響の大きさに驚かされる。

著者はオレンジジュース業界の内幕についても詳しく書いている。20世紀初め、生産過剰に悩んだカリフォルニアのオレンジ生産者の組合は、「オレンジを飲もう」というキャッチフレーズを打ち出して、オレンジジュースを飲む習慣を急速に広めた。本書では、オレンジの世界有数の生産国であるブラジルとアメリカとの貿易摩擦や、低コスト競争のあおりを受けてオレンジ農園で搾取される労働者の実態にも触れている。大量消費市場で売られるオレンジジュースはまさに工業製品であり、オレンジの果汁を濃縮していないことが売り物の非濃縮還元ジュースでさえ、オレンジから抽出したエキスを添加して色や味わいが調整されているという。本書を読んでから飲むオレンジジュースは、これまでより少しほろ苦く感じられるかもしれない。

本書には驚くほどさまざまなオレンジが登場する。交配しやすく突然変異が起きやすい性質のため、オレンジには多数の品種が誕生し、オレンジという果物を定義するのは難しいと著者は言う。本書では日本の柑橘類についてほとんど触れていないが、ここ数年市場に出回るようになったデコポンについて書かれている。デコポンは日本で作られた交配種で、アメリカでは「スモウ」、ブラジルでは「キンセイ」の名で売られている。著者は２０１１年にニューヨークではじめてデコポンを食べ、とても値段が高くて強烈に甘かったと感想を述べている。ついでに、日本を代表する柑橘類である温州ミカンについて少し書いておこう。温州ミカンは中国から伝わった柑橘類の突然変異によって誕生し、江戸時代に現在の鹿児島県で発見された日本原産の品種である。本書ではクリスマスにオレンジを贈るヨーロッパの風習を紹介しているが、カナダでもクリスマスシーズンにオレンジを食べる習慣がある。実はこのオレンジは日本の温州ミカンで、カナダに輸出されたミカンが「クリスマスオレンジ」と称して店頭に並ぶのだそうだ。

オレンジの歴史や文化を知れば、長い旅を経て店先までたどり着いたこの果物がいっそう愛しく味わい深く感じられるのではないだろうか。本書巻末にはオレンジを使った料理のレシピが多数掲載されている。それを参考に、オレンジの楽しみ方をさらに広げていただければ幸いである。

２０１６年７月

大間知　知子

写真ならびに図版への謝辞

図版の提供と掲載を許可してくれた関係者にお礼を申し上げる。

Anaheim Public Library: p. 114; Bibliotheque Nationale de France: p. 40; Bigstock: pp. 6（taylorjackson）, 47（picturepartners）, 49（dndavis）; © The Trustees of the British Museum: p. 21上; Coalition of Immokalee Workers: p. 74; Florida Memory: pp. 25, 64, 66, 68, 76, 83, 90, 91, 98, 100, 127, 159; Istockphoto: pp. 20（kizilkaya-photos）, 31（Antonio Jodice）, 37（Daniel Snyder）; H. U. Kuenle: p. 22; Library of Congress, Washington, DC: pp. 21下, 36下, 51, 53, 67, 71, 73; The LuEsther T. Mertz Library at the New York Botanical Garden: p. 36上; Orange Public Library: p. 55; Victoria & Albert Museum, London: pp. 10, 15, 28, 39, 46, 97, 102, 111, 124.

参考文献

Andrews, Alfred C., 'Acclimatization of Citrus Fruits in the Mediterranean Region', *Agricultural History*, XXXV/1 (January 1967)

McPhee, John, *Oranges* (London, 2000)

Malaguzzi, Silvia, *Food and Feasting in Art* (Los Angeles, CA, 2008)

Riley, Gillian, *A Feast for the Eyes* (London, 1997)

Saunt, James, *Citrus Varieties of the World* (Norwich, 1990)

Stayle, Louise, and Alexis Vaughan, *Taking the Pith* (Sustain Report, 2000)

Susser, Allen, *The Great Citrus Book* (Berkeley, CA, 1997)

Swingle, Walter T., 'The Botany of Citrus and its Wild Relatives', chap. 3 of *The Citrus Industry* (Riverside, CA, 1967), vol. I

Tolkowsky, Samuel, *Hesperides: A History of the Culture and Use of Citrus Fruits* (London, 1938)

Toussaint-Samat, Maguelonne, *A History of Food* (Chichester, 2009)

Train, John, *The Orange: Golden Joy* (Milan, 2006)

Webber, Herbert John, 'History and Development of the Citrus Industry', chap. 3 of *The Citrus Industry* (Riverside, CA, 1967) , vol. I

Wilson, C. Anne, *The Book of Marmalade* (Totnes, 2010)

ラスロー，ピエール『柑橘類（シトラス）の文化誌』寺町朋子訳，一灯社，2010年

注

第1章　世界に広がるオレンジ

(1)　W. T. Swingle and P. C. Reece, 'The Botany of Citrus and Its Wild Relatives', chap. 3 of *The Citrus Industry* (Riverside, CA, 1967), vol. I.
(2)　University of Western Sydney press release, 'Scientists Claim Citrus Originated in Australasia' (1 October 2007), at http://phys.org, 2012年7月10日アクセス。
(3)　Samuel Tolkowsky, *Hesperides: A History of the Culture and Use of Citrus Fruits* (London, 1938), p. 4.
(4)　ジョセフ・ニーダム『中国の科学と文明』（東畑精一，藪内清監修，思索社，1991年新版）
(5)　Frederick G. Gmitter and Xulan Hu, 'The Possible Role of Yunnan, China, in the Origin of Contemporary Citrus Species (rutaceae)', *Economic Botany*, XLIV/2 (1990), pp. 267-7.
(6)　ジョセフ・ニーダム『中国の科学と文明』
(7)　同前
(8)　Tolkowsky, *Hesperides*, p. 11.（紫の紗は酒を濾すため）
(9)　同前，101 ～ 118ページ。
(10)　Alfred C. Andrews, 'Acclimatization of Citrus Fruits in the Mediterranean Region', *Agricultural History*, XXXV/1 (1961), pp. 35-46.
(11)　L. Ramón-Laca, 'The Introduction of Cultivated Citrus to Europe via Northern Africa and the Iberian Peninsula', *Economic Botany*, LVII/4 (Winter, 2003).
(12)　Margaret Visser, *Much Depends on Dinner* (London, 1989), p. 265.
(13)　Barbara Santich, *The Original Mediterranean Cuisine* (Totnes, 1995), p. 27.
(14)　同前，28ページ。
(15)　E. G. Ravenstein, ed. and trans., *A Journal of the First Voyage of Vasco da Gama, 1497-1499* (London, 1898), p. 34.
(16)　Tolkowsky, *Hesperides*, pp. 236-8.
(17)　Herbert John Webber, 'History and Development of the Citrus Industry', chap. 1 of *The Citrus Industry*, vol. I.
(18)　同前
(19)　Tolkowsky, *Hesperides*, p. 247.

（20）同前，227ページ。
（21）Mark Morton, 'Hue and Eye', *Gastronomica*, XI/3 (Fall 2011).
（22）Webber, 'History and Development of the Citrus Industry'.
（23）John F. Mariani, *The Encyclopedia of American Food and Drink* (New York, 1999), p. 273.
（24）Food Resource website, Oregon State University, http://food.oregonstate.edu.
（25）Peter Hammond, *Food and Feast in Medieval England* (Stroud, 2005), p. 12.
（26）Nancy Cox and Karin Dannehl, *Dictionary of Traded Goods and Commodities, 1550-1820* (Wolverhampton, 2007).

第2章　オレンジの栽培

（1）John McPhee, *Oranges* (London, 2000), p. 67.
（2）Ibn Battuta, *Travels in Asia and Africa, 1325-1354*, at www.fordham.edu, 2012年7月10日アクセス。
（3）Samuel Tolkowsky, *Hesperides: A History of the Culture and Use of Citrus Fruits* (London, 1938), p. 192.
（4）同前，193ページ。
（5）John Parkinson, *Paradisi in sole paradisus terrestris* [1629] (London, 1904), p. 584.
（6）Tolkowsky, *Hesperides*, p. 203.
（7）Waverley Root, *Food* (New York, 1980), p. 304.
（8）Dominique Garrigues, *Jardins et Jardiniers de Versailles au Grand Siècle* (Seyssel, 2001), p. 145（著者による翻訳）

第3章　いろいろなオレンジ

（1）D. J. Mabberley, 'A Classification for Edible Citrus', *Telopea* 7 (2) (1997), pp. 167-72.
（2）The Orange (*Citrus Sinensis*) Annotation Project, at http://citrus.hzau.edu.cn, 2012年7月9日アクセス。
（3）Julia F. Morton, *Fruits of Warm Climates* (Miami, FL, 1987), pp. 130-33.
（4）マートルリーフは独立した種だと考える専門家もいる。
（5）Robert Willard Hodgson, 'Horticultural Varieties of Citrus', chap. 4 of *The Citrus Industry* (Riverside, CA, 1967), vol. I.
（6）Samuel Tolkowsky, *Hesperides: A History of the Culture and Use of Citrus Fruits* (London, 1938), p. 158.

(7) James Saunt, *Citrus Varieties of the World* (Norwich, 1990), p. 24.

(8) 'Solved: The Mystery of the Blood Orange', www.sciencecodex.com, 2012年3月19日。

(9) Martin et al., 'Retrotransposons Control Fruit-specific, Cold-dependent Accumulation of Anthocyanins in Blood Oranges', *The Plant Cell*, XXIV (2012).

(10) Saunt, *Citrus Varieties*, p. 26.

第4章　オレンジ産業

(1) John Dickie, *Cosa Nostra: A History of the Sicilian Mafia* (London, 2007), p. 26.

(2) J. Joseph, *Squeezing Children to Make Orange Juice, Tomatoes and Raspberries* (report by Made in the USA Foundation, 1999).

(3) Sonja Salzburger, Council on Hemispheric Affairs, 'Made in Brazil: Confronting Child Labor' (16 November 2010), at www.coha.org, 2012年7月10日アクセス。

(4) Jo Southall, 'Juicy Dilemmas: Ethical Shopping Guide to Fruit Juice' (2010), at www.ethicalconsumer.org, 2012年7月10日アクセス。

(5) Jane Daugherty, *Palm Beach Post* (December 2003).

(6) Coalition of Immokalee Workers, at http://ciw-online.org, 2012年7月9日アクセス。

(7) Gianluca Martelliano and Andrew Wasley, 'Coca Cola Responds to Orange Harvest "Exploitation" Controversy', *The Ecologist* (26 February 2012).

(8) 'Protecting a Citrus Tree from Cold' (2001), at http://ag.arizona.edu, 2012年7月9日アクセス。

(9) 「黄龍病（ファンビロン）またはHLB」とも呼ばれる。

(10) Kevin Bouffard, 'Citrus Growers and Scientists Discuss Nutrition Research' (25 August 2011), at www.theledger.com, 2012年7月10日アクセス。

(11) エヴァン・D・G・フレイザー，アンドリュー・リマス『食糧の帝国―食物が決定づけた文明の勃興と崩壊』藤井美佐子訳，太田出版，2013年。

(12) Amanda Garris, 'Plant Pathologists Put the Squeeze on Citrus Disease' (17 January 2012), at http://phys.org, 2012年7月10日アクセス。

(13) Rod Santa Ana, 'Spinach Genes May Stop Deadly Citrus Disease' (27 March 2012), at http://phys.org, 2012年7月9日アクセス。

(14) Charles Johnson, 'A "Silver Bullet" for Citrus Greening?' (2 February 2012), at www.southeastfarmpress.com, 2012年7月10日アクセス。'Scientists Release Natural Enemy of Asian Citrus Psyllid' (20 December 2011), at www.newsroom.

ucr.edu, 2012年7月10日アクセス。

(15) 有機栽培のオレンジは，洗浄後，保存期間を延ばすために非合成ワックスを，非有機栽培のオレンジはパラフィンワックスを塗られている場合がある。果皮を利用する場合は，どちらも洗剤を溶かした温水でこすり落とす必要がある。できればワックス不使用と表示されているものを買うとよい。柑橘類の着色料もアメリカのいくつかの州では使用が禁止されている。従来の農法でも有機栽培でも，生産者は果実の発色をよくするためにエチレンガスを使用する場合がある。

第5章 オレンジジュース

(1) Margaret Visser, *Much Depends on Dinner* (London, 1989), p. 276.

(2) John McPhee, *Oranges* (London, 2000), p. vii.

(3) M. Neves et al., IFAMA, *An Overview of the Brazilian Citriculture* (2011), at www.ifama.org, 2012年7月10日アクセス。

(4) Jason Clay, World Agriculture and the Environment (Washington, DC, 2004), p. 144.

(5) www.newschief.com, 2012年11月5日。

(6) 'FDA Finds Fungicide in Brazil, Canada Orange Juice', at http://cnn.com, 2012年1月27日。

(7) エヴァン・D・G・フレイザー，アンドリュー・リマス『食糧の帝国―食物が決定づけた文明の勃興と崩壊』

(8) Visser, *Dinner*, p. 277.

(9) ピエール・ラスロー『柑橘類（シトラス）の文化誌』寺町朋子訳，一灯社，2010年。

(10) Alissa Hamilton, *Squeezed: What You Don't Know About Orange Juice* (New Haven, CT, 2009), p. 133.

(11) Duane D. Stanford, 'PepsiCo Adds Water to Tropicana Products to Juice Margin: Retail' (15 February 2012), at www.bloomberg.com, 2012年7月10日アクセス。

(12) Susan Donaldson James, 'Californian Woman Sues OJ Giant Tropicana Over Flavor Packs' (20 January 2012), at www.abcnews.go.com, 2012年7月10日アクセス。'Coca-Cola's "Simply Orange" Faces Lawsuit' (2 April 2012), at www.jd-journal.com, 2012年7月10日アクセス。

(13) Report of 2003, at www.foodcomm.org.uk, 2011年アクセス。

第6章 花と果皮

(1) Ann Monsarrat, *And The Bride Wore: The Story of the White Wedding* (London, 1973), p. 115.
(2) 同前，117ページ。
(3) Margaret Shaida, *The Legendary Cuisine of Persia* (London, 1994) p. 256.
(4) Julia F. Morton, *Fruits of Warm Climates* (Miami, FL, 1987), pp. 130-33.
(5) Mary Eales, *Mrs Mary Eales's Receipts* (London, 1773), p. 54.
(6) Hannah Glasse and Maria Wilson, *The Complete Confectioner* (London, 1800), p. 345.
(7) Tom Jaine による *Petit Propos Culinaires*, 86 (2008)の表紙絵。
(8) 'A New "OPEC" for a Greener Future' (14 September 2011), at york.ac.uk, 2012年7月9日アクセス。

第7章　詩の中のオレンジ

(1) Samuel Tolkowsky, *Hesperides: A History of the Culture and Use of Citrus Fruits* (London, 1938), p. 10.
(2) 同前
(3) 同前，116ページ。
(4) 同前，118ページ。
(5) Robert Palter と Jeffrey H. Kaimowitz 訳, *Poemas arabigoandaluces* (Madrid, 1982).
(6) Tolkowsky, *Hesperides*, p. 186.
(7) Humbert Wolfe 訳, *Sonnets Pour Hélène* (New York, 1934) p. 69.
(8) Mrs Hawkinson 訳 の 'Hesperides', *The California Citrograph* (July 1937) は Richard H. Barker, 'The First European Book on Citrus', *Citrograph*, I/4 (July-August 2010), pp. 14-16の引用による。
(9) Margaret Visser, *The Rituals of Dinner* (London, 1992) p. 287.
(10) Gilbert Sorrentino, *The Orangery* (Austin, TX, 1978)より。
(11) George Schade 訳 , *Fifty Odes* (Austin, TX, 1996)より。
(12) John Dixon Hunt, ed., *The Oxford Book of Garden Verse*, (Oxford, 1993), pp. 237-41.
(13) Alan S. Treblood 訳, *Songs to End With* (New York, 1995).
(14) Wallace Stevens, *Harmonium* (New York, 1923)より。
(15) W. B. Yeats, *The Wind Among the Reeds* (1899)より。

(16) George Wallace, *The Milking Jug* (New York, 1989) より。
(17) Ronald Wallace, 'Oranges', *New Yorker* (5 January 1975), p. 70.
(18) *Gastronomica: The Journal of Food and Culture*, II/4 (November 2002) に掲載。

第8章　芸術，デザイン，文化

(1) Tamra Andrews, *Nectar and Ambrosia: An Encyclopedia of Food in World Mythology* (Ontario, 2000), p. 166.
(2) Mrs Hawkinson 訳 の 'Hesperides', *The California Citrograph* (July 1937) は Richard H. Barker, 'The First European Book on Citrus', *Citrograph*, I/4 (July-August 2010), pp. 14-16. の引用による。
(3) Samuel Tolkowsky, *Hesperides: A History of the Culture and Use of Citrus Fruits* (London, 1938), p. 148.
(4) François-René de Chateaubriand 訳 , A. S. Kline, *Mémoires d'outre-tombe*, XXXIX/20, at poetryintranslation.com, 2012年7月10日アクセス。
(5) Eliza Haywood, 'Effeminacy in the Army Censured', *The Female Spectator*, I/2 (1745), p. 104.
(6) Tolkowsky, *Hesperides*, p. 282.
(7) 同前，283ページ。
(8) John McPhee, *Oranges* (London, 2000), p. 79.
(9) Adrian Searle, 'A Momentous, Tremendous Exhibition', *Guardian* (7 May 2002), at www.guardian.co.uk, 2012年7月10日アクセス。
(10) Tolkowsky, *Hesperides*, p. 170.

第9章　健康と料理

(1) Mary McCarthy, *Memories of a Catholic Girlhood* (San Diego, CA, 1974), p. 66.
(2) 'A Boke of Gode Cookery', at www.godecookery.com, 2012年7月10日アクセス。
(3) Samuel Tolkowsky, *Hesperides: A History of the Culture and Use of Citrus Fruits* (London, 1938), p. 160.
(4) George Cavendish and Samuel Weller Singer, *The Life of Cardinal Wolsey* (London, 1825), p. 43.
(5) George Henry Lewes, *The Life of Maximilien Robespierre* (Chicago, IL and New York, 1849), p. 222.
(6) ピエール・ラスロー『柑橘類（シトラス）の文化誌』
(7) ミズーリ州のトルーマン州立大学化学教授テオ・クラークによるアメリカ

化学学会への報告（2002年）。研究論文は *Science Daily*, 3 June 2002に掲載。
(8) A. R. Proteggente et al., 'The Compositional Characterisation and Antioxidant Activity of Fresh Juices from Sicilian Sweet Orange Varieties', *Free Radical Research*, XXXVII/6 (2003).
(9) 'The Nutrition Source: Time to Focus on Healthy Drinks', at www.hsph.harvard.edu, 2012年7月10日アクセス。
(10) 'Health Tip: Fruit Juices and Kids', www.myfoxdetroit.com, 2012年2月27日。
(11) Tolkowsky, *Hesperides*, p. 154.
(12) Gillian Riley, *A Feast for the Eyes* (London, 1977), p. 45.
(13) Tolkowsky, *Hesperides*, pp. 271, 166.
(14) Alberto Capatti and Massimo Montanari, *Italian Cuisine: A Cultural History* (New York, 2003), p. 10.
(15) Yasmin Doosry, Christiane Lauterbach and Johannes Pommeranz, *Die Frucht der Verheissung*, exh. cat., Germanisches Nationalmuseum, Nuremberg (2011).
(16) Tolkowsky, *Hesperides*, p. 272.
(17) Capatti and Montanari, *Italian Cuisine*, p. 72.
(18) Mark Dawson, *Plenti und Grase* (Totnes, 2009), p. 137.
(19) C. Anne Wilson, *Food and Drink in Britain* (Middlesex, 1976), p. 50.
(20) Tolkowsky, *Hesperides*, pp. 166-7.
(21) Wilson, *Food and Drink*, p. 302.
(22) Dawson, *Plenti und Grase*, p. 139.
(23) Hilary Spurling, *Elinor Fettiplace's Receipt Book* (London, 2008), p. 69.
(24) バーバラ・ウィートン『味覚の歴史　フランスの食文化―中世から革命まで』辻美樹訳，大修館，1991年。
(25) 同前
(26) Tolkowsky, *Hesperides*, p. 278.
(27) Riley, *A Feast for the Eyes*, p. 113.
(28) Margaret Visser, *Much Depends on Dinner* (London, 1989), p. 267.
(29) Helen R. Lane 訳, *Culture and Cuisine* (New York, 1982), p. 94.
(30) Louis Eustache Ude, *The French Cook* (New York, 1978), p. 248.

第10章　マーマレード

(1) C. Anne Wilson, *Food and Drink in Britain* (Middlesex, 1976) p. 298.
(2) C. Anne Wilson, *The Book of Marmalade* (Totnes, 2010), p. 48.

(3)　同前，58 ～ 61ページ。
(4)　同前，75ページ。

レシピ集

◉柑橘類のマリネ

16世紀にモルッカ諸島に出かけたひとりのイタリア人旅行者が，ある島の食人習慣について書いたものが，トルコウスキーの『ヘスペリデス―柑橘類の栽培と利用の歴史 *Hesperides: A History of the Culture and Use of Citrus Fruits*』に引用されている。その島の住民は「心臓を除いて，人間のあらゆる部分を食べる。生のまま，オレンジやレモンの果汁で味つけする」。このマリネのレシピは，むしろ鮭や海の幸の料理に使ってほしい。

（4人分）
搾りたてのオレンジ果汁…250*ml*
搾りたてのレモン果汁…150*ml*
搾りたてのライム果汁…150*ml*
オリーブオイル…100*ml*
ニンニク…2～3片，みじん切り
オレンジの皮のすりおろし…大さじ1
新鮮なコリアンダー，みじん切り

1. コリアンダー以外のすべての材料を混ぜ合わせ，その中に魚介類を30分間浸けておく。
2. 魚介類をグリルかフライパンで焼く。その間，マリネ液を数回刷毛で塗る。
3. コリアンダーを散らして食卓に出す。

……………………………………………

◉オレンジの皮とクルミを散らしたブロッコリー

柑橘類の原産地中国への敬意をこめて。

（2～3人分）
オレンジ…1個
油…大さじ1
クルミ…25*g*
ブロッコリー…200*g*，小房に分ける
醤油…大さじ1
トウガラシ…みじん切り，小さじ1
ショウガ…すりおろし，小さじ1

1. ピーラーを使ってオレンジの皮を細長くむく（皮の内側の白いわたがつかないように）。果汁を搾って取っておく。
2. テフロン加工のフライパンか中華鍋に油をひいて温め，オレンジの皮とクルミを入れて皮の縁が黄金色になるまで1～2分炒める。
3. ショウガ，トウガラシ，ブロッコリーの順に加えて炒める。
4. 果汁を入れ，数分炒めてから醤油を加える。
5. さらに1分炒め，よく混ぜて盛りつける。

……………………………………………

◉ホタテ貝とオレンジのピープス風

サミュエル・ピープスは1660年2月16日の日記に，チャイナオレンジ1箱と小さな樽ふたつ分のホタテ貝について書いている。オレンジとホタテ貝を一緒に料理して食べたとは考えにくいが，ピープスがこのような料理を味わったかもしれないと想像してみるのも楽しい。

(4人分の前菜)
サラダ油…大さじ4
素潜りで取ったカキ…8個，塩・コショウを振っておく
ニンニク…2片，みじん切り
搾りたてのオレンジ果汁…120*ml*
オレンジの皮のすりおろし…小さじ½
醤油…大さじ1

1. 大きめのフライパンにサラダ油大さじ3を熱し，ホタテ貝の両面を軽く色づくまでさっと焼く。温めた皿に載せておく。
2. フライパンに残りの油とニンニクを加え，香りが立つまで混ぜながら炒める。オレンジの果汁と皮，醤油を加える。
3. ソースが沸騰し，とろみがつくまで2～3分混ぜながら火にかけ，ホタテ貝の上から回しかける。熱いうちに食卓に出す。

………………………………………………

◉オレンジ風味の舌平目のムニエル

オーギュスト・エスコフィエは，『料理の手引き *Le Guide Culinaire*』(1903年）の中に，なんと114種類もの舌平目のレシピを収めている。劇作家のポール・シュミットは，『料理書が執筆と何か関係あるかのように』と題した随筆の中で，「○○風」と名づけられたエスコフィエの舌平目料理に，人の名前や色，女王や愛妾の名前がこれでもかと並ぶさまは目もくらむようで，「きわめて厳密な分類を意図したつもりが，見かけだおしの気まぐれになっている」と述べている。

このオレンジ風味の舌平目のムニエルは，エスコフィエの基本的なムニエルの作り方とまったく別のレシピとは言い切れない。なぜなら，唯一の違いはオレンジのスライスか房をトッピングするだけだからだ。しかし私はこの巨匠に敬意を表して，いくらか現代的なレシピを載せておこう。

(2人分)
舌平目，またはカレイなど…2尾，切り身にする
搾りたてのオレンジ果汁…120*ml*
小麦粉…70*g*，塩，黒コショウ，カイエンペッパーで下味をつける
無塩バター（または澄ましバター）…大さじ4
皮をむいたオレンジのスライス，または房…適宜

パセリ…粗く刻む

1. 魚の切り身をオレンジの果汁に浸し，小麦粉をまぶす。
2. 大きめのフライパンを強火にかけ，バターの半量を入れて溶かす。焦がさないように注意。
3. 切り身を入れて両面を数分焼く。温めた皿に盛りつけ，オレンジのスライスとパセリを飾る。
4. 残りのバターをフライパンに加えて手早く熱し，バターが泡立って茶色になりはじめたら火を止める。切り身の上に回しかけ，すぐに食卓に出す。

◉メキシコ風オレンジチキン

柑橘類は西へ広がり，鶏肉も同じ道をたどった。新世界の料理に新たな地平が開かれた。

（6人分）
鶏肉…6枚
油…大さじ2
玉ねぎ…1個，みじん切り
ニンニク…2片，みじん切り
クローブ（ホール）…2個
シナモンスティック…半分
オレンジ果汁…2個分
水…150*ml*
タイム…2～3枚
ベイリーフ…2枚
海塩，黒コショウ…お好みで

1. 大きめのフライパンで鶏肉をキツネ色になるまで焼く。肉を取り出し，玉ねぎをしんなりするまで炒める。
2. ニンニクを入れて香りが立つまで炒め，クローブとシナモンを加えて鶏肉を戻す。オレンジの果汁と水を入れ，残りのハーブを加える。好みで塩，コショウする。
3. いったん沸騰させてから火を弱め，蓋をして鶏肉に火が通るまで35～40分コトコトと煮る。
4. 白米を添えて出す。鶏肉を煮ている間に薄切りにしたジャガイモをゆで，一緒に盛りつけてもよい。

◉赤ワインの柑橘（シトラス）ソース添えステーキ

この中世のレシピは食物史家の故マギー・ブラックが紹介したものに基づいている。本来はビターオレンジではなくベルジュースを使用した。スイートオレンジやレモン果汁でも代用できる。

（4人分）
牛肉，または鹿肉のステーキ…4枚
調理用油
赤ワインビネガー…大さじ1
赤ワイン…小さじ8
セビリヤオレンジの果汁…大さじ4（またはスイートオレンジの果汁大さじ3とレモン果汁大さじ1）
水…大さじ2

ダークブラウンシュガー…大さじ1
黒コショウ…ペッパーミル2回転分
ショウガのすりおろし…小さじ1
シナモン
海塩

1. 小鍋にシナモンと塩以外のソースの材料をすべて混ぜる。火にかけ，沸騰したら火から下ろす。味がなじむまで5分間置く。味を見て，好みで水や砂糖を加える。
2. 肉の周囲をスジ切りし，表面に軽く油を塗る。厚みのあるフライパンか鉄板を熱し，両面に焼き色をつけたら，火を弱めて好みの焼き加減まで焼く。途中で必要に応じてひっくり返し，焼きながら肉の両面にソースを数滴たらす。
3. ステーキ1枚ずつにシナモンと海塩を軽く振り，ソースを上からかける。15世紀の古めかしい言いまわしを使うなら，「さあ，ご賞味あれ」。

……………………………………………

◉シチリア風ポークカツレツのオレンジ添え

このレシピはパレルモのセラフィーナ・ジャンナリアさんから教えていただいたもの。思いがけずシチリアの整骨院に入院することになったが，彼女のおかげで思いのほか楽しく過ごせた。

この料理は鶏肉や仔牛肉で作ってもよい。

(6人分)
豚の薄切り…6枚，とき卵，パン粉の順にまぶしておく
オリーブオイル…大さじ4
エシャロット…4～5個
プチトマト…12個，半分に切っておく
オレンジ…2個，1個は果汁を搾り，もう1個は薄切りにする
乾燥オレガノ
塩，コショウ

1. エシャロットを刻んでしんなりするまで油で炒め，プチトマトを加える。野菜を片側に寄せ，豚肉を載せて両面を色よく焼く。
2. フライパンにオレンジの果汁を加え，肉の上にオレンジの薄切りを載せる。オレガノ少々，塩，コショウで味をつける。蓋をして弱火で10分蒸し焼きにする。

……………………………………………

◉スパイスキャラメルオレンジ

昔から伝わるイタリア料理を現代風に。

(4人分)
オレンジ…6個
砂糖…225*g*
水…225*ml*
シナモンスティック…2本
八角…2個

1. オレンジの皮の表面だけを薄くむき，細かく刻んでとっておく。
2. 残った皮と白いわたの部分を取り除いて，オレンジを輪切りにする。皿に盛りつける。
3. 砂糖と半量の水，スパイスを火にかけ，砂糖が溶けるまでかき混ぜてコトコト煮る。煮ている間はかき混ぜない。砂糖がキャラメルになったらスパイスを取りだす。
4. 流しの上で鍋を持ち，注意しながら残りの水を加える。はねやすいので注意。ダマが残らないように混ぜる。
5. キャラメルを少し残してオレンジにかける。残りのキャラメルに1で刻んだ皮を入れ，火にかけて2〜3分コトコト煮てからオレンジの上にかける。

……………………………………………

◉娼婦と売春宿の主人のためのオレンジオムレツ

教皇マルティヌス5世に仕えた15世紀の料理人ヨハネス・ボッケンハイムは，自分のレシピをまとめた小冊子『料理摘要 *Registrum Coquine*』の中で，その料理がどの階級にふさわしいかを厳密に指定している。たとえばオレンジオムレツについてはこう書いている。卵とオレンジをいくつでも必要な数だけ用意し，卵を割り，オレンジを搾って果汁を加え，砂糖も入れる。オリーブオイルか脂をフライパンで温め，卵液を入れて調理する。このレシピは「売春宿の主人と娼婦」にふさわしい。

ここではボッケンハイムのレシピを現代風にしたものを載せておこう。このレシピはオディール・レドン他による『中世のキッチン　フランスとイタリアのレシピ *The Medieval Kitchen: Recipes from France and Italy*』（2000年）から引用させていただいた。（砂糖と果汁の酸味の作用で卵液は完全に固まらないので，これはカスタードクリームのような仕上がりのデザートになる）。著者は健康に関する政府の警告のように，「このオムレツは道徳的な罪を犯す心配なく味わえます」と書き添えている。

（2〜3人分）
オレンジ…2個
レモン…2個
卵…6個
砂糖…大さじ2
塩…適宜
オリーブオイル

1. オレンジとレモンの果汁を搾る。
2. 卵をかき混ぜ，果汁，砂糖大さじ2，塩適宜を加え，オリーブオイルで調理する。温かいうちに出す。

……………………………………………

◉クレープシュゼット

この古典的な料理には2通りの歴史がある。

ひとつは有名なシェフのアンリ・シャ

ルパンティエがまだ若いウェイターだったとき，1895年にモンテカルロのカフェ・ド・パリで，コニャックで風味づけしたパンケーキに偶然火をつけてしまったのが始まりだという説である。シャルパンティエはイギリス皇太子とその娘のスザンヌのためにデザートを準備しているところだった。

彼はのちに自伝『アンリの人生 *Life à la Henri*』（1934年）の中で，この幸運な偶然について，この菓子を「一口でも味わえば，食人種すらも礼儀正しい紳士に変わるだろう」と述べている。

もうひとつの説は，この料理は1897年にコメディー・フランセーズの女優スザンヌ・ライヘンベルクに敬意を表して命名されたというものだ。

傑出した料理家ジュリア・チャイルドが出演した番組のうち，もっとも代表的なテレビ番組のひとつは『フレンチ・シェフ』である。この番組でジュリア・チャイルドはオレンジバターとリキュールで作ったソースをかけたクレープを作った。クレープシュゼットには長年の間に数々のバリエーションが作られている。このレシピは同じように伝説的なアメリカのシェフ，ロバート・キャリアのレシピに基づいている。

（6人分）

[クレープの材料]
小麦粉…75*g*，塩ひとつまみを加えてふるっておく
大きめの卵…2個，かき混ぜる
無塩バター…25*g*，溶かす
牛乳…200*ml*
サラダ油，または澄ましバター

[オレンジバターの材料]
無塩バター…100*g*
グラニュー糖…25*g*
大きめのオレンジ1個分の皮のすりおろし
コアントロー，またはグランマルニエ…30*ml*
オレンジの果汁…75*ml*

[フランベ用]
グラニュー糖…大さじ1
コアントロー…大さじ2
ブランデー…大さじ2

1. 小麦粉をボウルに入れ，卵とバターとともにかき混ぜる。牛乳を少しずつ加え，生地がクリームのようになめらかになるまで混ぜる。必要なら水少々を加える。
2. 生地を目の細かい漉し器で漉し，2時間以上休ませる。
3. 小さめのクレープパンを火にかけて熱する。いったん火から外して底と側面にキッチンペーパーで油か澄ましバターを塗る。大さじ2杯程度の生地をクレープパンに流し，クレープパンを回して生地が全体を薄く覆うように広げる。
4. 中火で約1分焼き，パレットナイフをクレープの周りと裏側にくぐらせて

生地をクレープパンからはがし，ひっくり返す。もう1分間焼く（うまくひっくり返せない場合はフライ返しを使ってもよい）。
5. 残りの生地も同じようにして焼く。必要に応じてクレープパンに油を塗りなおす。焼きあがったクレープは全部焼き終わるまで皿の上に重ねておく。
6. オレンジバターを作る。大きめのフライパンにバターを溶かし，オレンジバター用の材料を加えて2〜3分間コトコトと煮る。
7. 弱火のまま，クレープをオレンジバターの中に入れ，フォークとスプーンを使ってまずふたつに折り，もう1度折って四つ折りにする。そのクレープをクレープパンの隅に寄せて，残りのクレープも同じようにする。
8. すべてのクレープをクレープパンに入れたら（重なっていても可），グラニュー糖を振る。小鍋にコアントローとブランデーを入れて弱火で温める。火傷しないように少し離れて立ち，長いマッチを使ってアルコールに火をつける。火のついたアルコールをクレープにかけ，すぐに食卓に出す。

◉リンゴとオレンジピールのパイ

この料理は16世紀末にロンドンで出版された『良妻賢母の手料理 *The Good Huswifes Handmaide for the Kitchin*』に掲載されたレシピに基づいている。これはグレッチェン・ミラーによって現代風にアレンジされたもの。

［フィリングの材料］
オレンジ…中6個（バレンシアオレンジ，ブラッドオレンジ，セビリヤオレンジなど。皮が厚すぎるのでネーブルは向かない）
水…1リットル
ハチミツ…300*g*
リンゴ…小14個，酸味のある品種が向く
砂糖…200*g*
シナモン…小さじ1
ショウガ…すりおろし，小さじ ½
ローズウォーター…大さじ2
砂糖…大さじ1

［パイ生地の材料］
小麦粉…350*g*
卵黄…3個
バター…120*g*
水…大さじ6

1. オレンジを1リットルの水に24時間浸けておく。大きめのソースパンにハチミツとオレンジを浸けておいた水を混ぜ，オレンジを加える。火にかけて沸騰させ，オレンジの皮がやわらかくなるまでコトコト煮る。
2. オレンジを器に入れ，煮汁のシロップを注ぐ。オレンジがシロップに漬かるようにお皿などで重しをする。オレンジが完全に浸からない場合は，水を

少し足す。器に蓋をして24時間浸けておく。

3. オレンジを1日置いたら，オーブンを180℃に余熱する。パイ生地の小麦粉と卵黄を合わせる。
4. バターと水を小さめのソースパンに入れ，弱火にかけてバターを溶かす。小麦粉と卵黄を混ぜた生地に溶かしたバターを加える。
5. 生地がまとまるまでよくこね，必要なら水小さじ1を加える。生地をふたつに分け，それぞれ直径約23*cm*程度に丸く伸ばす。1枚をパイ型に敷く。
6. オレンジを輪切りにして種を除く。シロップが完全に皮にしみ込んでいなければ，輪切りにしたオレンジをシロップで煮る。オレンジを小さく刻むか，ブレンダーで細かくする。砂糖とシナモン，ショウガをそれぞれ半量ずつ混ぜる。
7. リンゴの皮をむき，芯をくり抜いてくし形に切る。残りの砂糖とシナモン，ショウガをリンゴにまぶす。型に敷いたパイ生地の上にリンゴを並べ，その上にオレンジを載せる。これを繰り返す。もう1枚のパイ生地をかぶせ，端を押さえて閉じる。1時間焼く。
8. パイが焼きあがる10分前にローズウォーター大さじ2と砂糖大さじ1を合わせて弱火にかけ，シロップ状になるまで煮詰める。パイをオーブンから取り出し，ローズウォーターのシロップを表面に塗り，オーブンにパイを戻して，残りの焼き時間が終わるまでオーブンに入れておく（オリジナルのレシピでは，羽を使ってローズウォーターのシロップをパイの蓋に塗るよう指示している）。

●ルバーブとブラッドオレンジのマーマレード

ちょっと変わったおしゃれなマーマレード。

ルバーブ…2.5*kg*，細かく刻む
グラニュー糖…2*kg*
ブラッドオレンジ…2個

1. ルバーブと砂糖を重ね，12時間置いておく。
2. 12時間たったら，オレンジがやわらかくなるまで丸ごと静かにゆでる（約1時間）。
3. オレンジをくし形に切り，種を除いて薄くスライスする。大型で広口の鍋にオレンジ，ルバーブと砂糖を入れる。とろ火にかけ，かき混ぜながら砂糖が溶けるまで煮る。火を強めて沸騰させ，ちょうどいいとろみがついたら火を止める。消毒した瓶にマーマレードを入れ，蓋をして密閉する。

オレンジを使った飲み物

◉オレンジジュリアス

アメリカの子供たちが大好きな懐かしい飲み物。

搾りたてのオレンジ果汁，または濃縮冷凍オレンジジュースに水を加えて戻したもの…250*ml*
牛乳…60*ml*
バニラエッセンス…小さじ1
砂糖…大さじ2
バニラアイス…1スクープ［「スクープ」はアイスクリーム専用の半球形のスプーン］
氷…適宜

すべての材料をなめらかになるまで混ぜ，氷を入れたコップに注いで出す。濃すぎる場合は果汁か水を足す。薄すぎる場合は氷かアイスクリームを加える。

....

◉キューバローズ

このカクテルは1935年に発行された『オールド・ウォルドルフ＝アストリア・バー・ブック』に初めてお目見えした。この本は現代のカクテルの由来を説明したすぐれた資料で，禁酒法以前の時代の興味深い逸話も知ることができる。

（カクテル1杯分）
オレンジ果汁…⅓
バカルディ（または他のホワイトラム）…⅔
グレナディン…少々［ザクロ果汁のシロップ。カクテルの甘味づけに用いる］

材料をシェーカーに注ぐ。注ぐ順番が大事なので注意しよう［ラムが最初］。よくシェイクし，砕いた氷を入れたグラスに注ぐ。

....

◉ミモザ

トリプルセック…15*ml*
搾りたてのオレンジ果汁…50*ml*
シャンパン…100*ml*
飾り用にオレンジスライス

上に書かれた順番で材料をフルート型シャンパングラスに注ぎ，オレンジスライスを飾る。

クラリッサ・ハイマン（Clarissa Hyman）
旅と食べ物を専門とするフリーのライターとして，食べ物，料理，文化をテーマにした本を出版している。本書は4冊目の著作で，初の邦訳書になる。イギリスのフードライター・ギルドの副代表を務め，国際料理専門家協会のメンバーでもある。フードライターとして多数の受賞歴があり，権威あるグレンフィディック・フードライター賞を過去2回受賞している。マンチェスター在住。

大間知 知子（おおまち・ともこ）
お茶の水女子大学英文学科卒業。翻訳書に『世界の哲学50の名著』，『世界の政治思想50の名著』（以上ディスカヴァー・トゥエンティワン），『シャネルNo.5の秘密』，『ロンドン歴史図鑑』，『「食」の図書館　鮭の歴史』，『「食」の図書館　ビールの歴史』（以上原書房）などがある。その他に翻訳協力書多数。

「食《しょく》」の図書館《としょかん》

オレンジの歴史《れきし》

●

2016年7月27日　第1刷

著者……………クラリッサ・ハイマン
訳者……………大間知《おおまち》 知子《ともこ》
装幀……………佐々木正見
発行者……………成瀬雅人
発行所……………株式会社原書房

〒160-0022 東京都新宿区新宿1-25-13
電話・代表 03(3354)0685
振替・00150-6-151594
http://www.harashobo.co.jp

印刷……………新灯印刷株式会社
製本……………東京美術紙工協業組合

ISBN 978-4-562-05324-7, Printed in Japan

パンの歴史《「食」の図書館》
ウィリアム・ルーベル／堤理華訳

変幻自在のパンの中には、よりよい食と暮らしを追い求めてきた人類の歴史がつまっている。多くのカラー図版とともに読み解く人とパンの6千年の物語。世界中のパンで作るレシピ付。

2000円

カレーの歴史《「食」の図書館》
コリーン・テイラー・セン／竹田円訳

「グローバル」という形容詞がふさわしいカレー。インド、イギリス、ヨーロッパ、南北アメリカ、アフリカ、アジア、日本など、世界中のカレーの歴史について豊富なカラー図版とともに楽しく読み解く。

2000円

キノコの歴史《「食」の図書館》
シンシア・D・バーテルセン／関根光宏訳

「神の食べもの」か「悪魔の食べもの」か？ キノコ自体の平易な解説はもちろん、採集・食べ方・保存、毒殺と中毒、宗教と幻覚、現代のキノコ産業についてまで述べた、キノコと人間の文化の歴史。

2000円

お茶の歴史《「食」の図書館》
ヘレン・サベリ／竹田円訳

中国、イギリス、インドの緑茶や紅茶のみならず、中央アジア、ロシア、トルコ、アフリカまで言及した、まさに「お茶の世界史」。日本茶、プラントハンター、ティーバッグ誕生秘話など、楽しい話題満載。

2000円

スパイスの歴史《「食」の図書館》
フレッド・ツァラ／竹田円訳

シナモン、コショウ、トウガラシなど5つの最重要スパイスに注目し、古代～大航海時代～現代まで、食はもちろん経済、戦争、科学など、世界を動かす原動力としてのスパイスのドラマチックな歴史を描く。

2000円

（価格は税別）

鮭の歴史《「食」の図書館》
ニコラース・ミンク／大間知知子訳

人間がいかに鮭を獲り、食べ、保存（塩漬け、燻製、缶詰ほか）してきたかを描く、鮭の食文化史。アイヌを含む日本の事例も詳しく記述。意外に短い生鮭の歴史、遺伝子組み換え鮭など最新の動向もつたえる。2000円

レモンの歴史《「食」の図書館》
トビー・ゾンネマン／高尾菜つこ訳

しぼって、切って、漬けておいしく、油としても使えるレモンの歴史。信仰や儀式との関係、メディチ家の重要な役割、重病の特効薬など、アラブ人が世界に伝えた果物には驚きのエピソードがいっぱい！ 2000円

牛肉の歴史《「食」の図書館》
ローナ・ピアッティ＝ファーネル／富永佐知子訳

人間が大昔から利用し、食べ、尊敬してきた牛。世界の牛肉利用の歴史、調理法、牛肉と文化の関係等、多角的に描く。成育における問題等にもふれ、「生き物を食べること」の意味を考える。2000円

ハーブの歴史《「食」の図書館》
ゲイリー・アレン／竹田円訳

ハーブとは一体なんだろう？ スパイスとの関係は？ それとも毒？ 答えの数だけある人間とハーブの物語の数々を紹介。人間の食と医、民族の移動、戦争…ハーブには驚きのエピソードがいっぱい。2000円

コメの歴史《「食」の図書館》
レニー・マートン／龍和子訳

アジアと西アフリカで生まれたコメは、いかに世界中へ広がっていったのか。伝播と食べ方の歴史、日本の寿司や酒をはじめとする各地の料理、コメと芸術、コメと祭礼など、コメのすべてをグローバルに描く。2000円

（価格は税別）

ウイスキーの歴史 《「食」の図書館》
ケビン・R・コザー／神長倉伸義訳

ウイスキーは酒であると同時に、政治であり、経済であり、文化である。起源や造り方をはじめ、厳しい取り締まりや戦争などの危機を何度もはねとばし、誇り高い文化にまでなった奇跡の飲み物の歴史を描く。　２０００円

豚肉の歴史 《「食」の図書館》
キャサリン・M・ロジャーズ／伊藤綺訳

古代ローマ人も愛した、安くておいしい「肉の優等生」豚肉。豚肉と人間の豊かな歴史を、偏見／タブー、労働者などの視点も交えながら描く。世界の豚肉料理、ハム他の加工品、現代の豚肉産業なども詳述。　２０００円

サンドイッチの歴史 《「食」の図書館》
ビー・ウィルソン／月谷真紀訳

簡単なのに奥が深い…サンドイッチの驚きの歴史！「サンドイッチ伯爵が発明」説を検証する、鉄道・ピクニックとの深い関係、サンドイッチ高層建築化問題、日本の総菜パン文化ほか、楽しいエピソード満載。　２０００円

ピザの歴史 《「食」の図書館》
キャロル・ヘルストスキー／田口未和訳

イタリア移民とアメリカへ渡って以降、各地の食文化に合わせて世界中に広まったピザ。本物のピザとはなに？世界中で愛されるようになった理由は？　シンプルに見えて実は複雑なピザの魅力を歴史から探る。　２０００円

パイナップルの歴史 《「食」の図書館》
カオリ・オコナー／大久保庸子訳

コロンブスが持ち帰り、珍しさと栽培の難しさから「王の果実」とも言われたパイナップル。超高級品、安価な缶詰、トロピカルな飲み物など、イメージを次々に変えて世界中を魅了してきた果物の驚きの歴史。　２０００円

（価格は税別）

リンゴの歴史 《「食」の図書館》

エリカ・ジャニク／甲斐理恵子訳

エデンの園、白雪姫、重力の発見、パソコン…人類最初の栽培果樹であり、人間の想像力の源でもあるリンゴの驚きの歴史。原産地と栽培、神話と伝承、リンゴ酒（シードル）、大量生産の功と罪などを解説。　2000円

ワインの歴史 《「食」の図書館》

マルク・ミロン／竹田円訳

なぜワインは世界中で飲まれるようになったのか？　8千年前のコーカサス地方の酒がたどった複雑で謎めいた歴史を豊富な逸話と共に語る。ヨーロッパからインド／中国まで、世界中のワインの話題を満載。　2000円

モツの歴史 《「食」の図書館》

ニーナ・エドワーズ／露久保由美子訳

古今東西、人間はモツ（臓物以外も含む）をどのように食べ、位置づけてきたのか。宗教との深い関係、高級食材でもあり貧者の食べ物でもあるという二面性、食料以外の用途など、幅広い話題を取りあげる。　2000円

砂糖の歴史 《「食」の図書館》

アンドルー・F・スミス／手嶋由美子訳

紀元前八千年に誕生したものの、多くの人が口にするようになったのはこの数百年にすぎない砂糖。急速な普及の背景にある植民地政策や奴隷制度等の負の歴史もふまえ、人類を魅了してきた砂糖の歴史を描く。　2000円

バーボンの歴史

リード・ミーテンビュラー／白井慎一監訳、三輪美矢子訳

米国を象徴する酒、バーボン。多くの史料や証言をもとに、植民地時代からクラフトバーボンが注目される現在まで、政治や経済、文化の面にも光を当てて描く。初心者もマニアも楽しめる情報満載の一冊。　3500円

（価格は税別）